Thailand

Kochen und verwöhnen mit Originalrezepten

ANGE
Coca-Cola

Thailand

Kochen und verwöhnen mit Originalrezepten

Rezepte: Dara Spirgatis

Konzept und Text: Margit Proebst

Foodfotos: Jörn Rynio

Reportagefotos: Günter Vahlkampf

In Thailand verschmelzen seit Generationen überlieferte Rezepte mit den Zugaben anderer Völker zu einer großen Küche der Welt.

INHALT

ROSSO

KO HAI JARÖN AHAN

»Guten Appetit« wünscht man einander in Thailand zu den Mahlzeiten, in deren Mittelpunkt stets der Reis steht.
Entsprechend der verschwenderischen Natur in Thailand ist aber die Palette der zum Reis servierten Gerichte schier unerschöpflich. Das Spektrum in diesem Buch reicht von Rezepten aus der Bangkok-Region, also von der modernen Thai-Küche, über deftige bäuerliche Gerichte aus meiner Heimat Isan im Nordosten des Landes bis zu Elementen der naturbelassenen Küche Laos'.
Die Grazie des thailändischen Lebensstils möchte ich Ihnen hiermit vermitteln und wünsche Ihnen viel Spaß beim Entdecken ungeahnter Gaumenfreuden.

Dara Spirgatis

Die Thaiküche eröffnet jedem kulinarisch Interessierten, dessen Gaumen wie meiner durch die Küchen Italiens, Frankreichs und Spaniens geschult (und verwöhnt) ist, eine faszinierend andere Welt vielfältiger Geschmacksnuancen. Es war daher ein großes Vergnügen, Dara Spirgatis beim Kochen über die Schulter zu schauen und ihren wunderbaren Rezepten mit diesem Buch die richtige Form und den passenden Rahmen zu verleihen. Ich wünsche Ihnen viel Freude beim Nachkochen.

Margit Proebst

Marktimpressionen aus Bangkok

Thailändische Märkte bieten für Auge und Gaumen eine unendliche Vielfalt.

REIS

Das thailändische Wort für essen, *gin khao*, bedeutet wörtlich übersetzt »Reis essen«. Das zeigt seine herausragende Bedeutung als Grundlage jedes Essens, alle anderen Gerichtekomponenten sind eigentlich Beilagen. Es wird überwiegend Duftreis gegessen.

Thailand lädt ein

Die thailändische Küche gilt als eine der besten der Welt, auch als eine der vielseitigsten und raffiniertesten unter den Küchen Asiens. Wenn Sie schon hier zu Lande in guten thailändischen Restaurants gegessen, vielleicht Thailand auch schon selbst bereist haben, werden Sie sicher zustimmen.

Wir möchten Sie mit diesem Buch auf eine kulinarische Entdeckungsreise schicken, bei der Sie vielen beliebten Klassikern, unverfälschten Alltagsrezepten und feinen Neuschöpfungen aus Daras Küche begegnen werden. Zunächst aber wollen wir Ihnen ein paar Einblicke in die Lebensgewohnheiten in diesem faszinierenden Land geben.

Zum Frühstück eine Suppe – mittags einen Snack unterwegs

Kulinarisch beginnt der Tag in Thailand nicht mit Kaffee oder Tee, und auch spezielle »Frühstücksgerichte« gibt es nicht. Morgens werden die gleichen Gerichte gegessen wie mittags und abends, etwas weniger aufwändig vielleicht, aber keinesfalls weniger scharf! Nach dem Aufstehen wird als erstes Reis gekocht. Auf dem Land bereitet man dazu ein einfaches Gemüsegericht oder einen Salat zu. In den Städten beginnt der Tag oft etwas später, und das überreiche Angebot an Garküchen und Essenständen verführt dazu, nicht selbst zu kochen, sondern sich unterwegs z. B. eine Suppe oder gebratenen Reis zu kaufen. Mittags isst man gegen 13 Uhr, auf dem Land oft zusammen, was wie überall auf der Welt in den Städten heute oft nicht mehr möglich ist. Dort werden dann keine großen Umstände gemacht: Viele Thais lieben es, sich tagsüber immer mal wieder eine Kleinigkeit an einer der überall gegenwärtigen Garküchen zu kaufen und gleich zu verzehren. Das gemeinsame Essen in der Familie oder mit Freunden wird auf den Abend verlegt.

Vielfältige Köstlichkeiten

Hauptbestandteil jedes Essens ist der Reis, der in einer großen Schüssel aufgetragen wird. Dazu werden verschiedene Gerichte serviert, und zwar mit Ausnahme des Nachtisches alle zusammen. Es ist allerdings verpönt, sich von allem gleichzeitig auf den Teller zu laden. Jeder nimmt sich Reis auf seinen Teller, teilt eine kleine Portion davon ab, nimmt einen Löffel Curry oder ein wenig von einer anderen Speise, mischt es mit dem Reis und isst es. Dann kommt das nächste Gericht an die Reihe. Auf etwas Scharfes wählt man etwas Mildes, nach etwas Gedämpftem vielleicht etwas Gebratenes. So isst man sich durch alle angebotenen Köstlichkeiten.

Da das bei uns nicht üblich ist und Sie vielleicht nur gelegentlich nach thailändischer Sitte mehrere Gerichte für Ihre Gäste zubereiten werden, haben wir bei der Angabe der Personen bei den Rezepten einen Kompromiss gewählt: Für 2–4 Personen besagt, dass das Gericht mit Reis für zwei Personen als Hauptmahlzeit ausreicht, zusammen mit anderen Speisen angeboten, natürlich für entsprechend mehr Personen. Auf Seite 158 finden Sie einige Vorschläge für passende Menüzusammenstellungen.

Auch die Suppe wird in Thailand nicht separat vorher oder nachher, sondern immer dazugegessen. Sie dient auch als Durstlöscher, denn Getränke zum Essen spielen in Thailand eine eher untergeordnete Rolle. Dennoch dürfen Sie die Suppen dieses Buches natürlich gerne als Vorspeise servieren, und passende Getränke haben wir bei den Gerichten jeweils genannt. Einen Überblick finden Sie auf Seite 152.

Löffel, Gabel, Stäbchen

Stäbchen werden in Thailand ausschließlich für Nudelgerichte benutzt. Alles Übrige wird mit Löffel und Gabel gegessen, wobei die Gabel dazu dient, den Reis mit den anderen Gerichten zu mischen und auf den Löffel zu schieben, der dann zum Mund geführt wird. Im Privatbereich wird die Suppe übrigens nicht in Suppenschalen serviert, wie wir es aus dem Restaurant kennen: Sie kommt wie alle anderen Gerichte in einer Schüssel auf den Tisch, wird wie jene löffelweise auf dem eigenen Teller mit Reis vermischt und mit dem Löffel gegessen.

Esstische im eigentlichen Sinn existieren in Thailand nur in den Städten und in Restaurants. Im privaten Bereich – speziell auf dem Land – rollt man zu den Mahlzeiten eine Schilfmatte auf dem Boden aus und platziert alle Speisen in der Mitte. Die Frauen sitzen mit zur Seite untergeschlagenen Beinen, die Männer im Schneidersitz darum herum. Füße gelten in Thailand übrigens als unreiner Körperteil, deshalb sitzt man mit untergeschlagenen Beinen immer so, dass die Fußsohlen zum Boden und keinesfalls auf das Gegenüber gerichtet sind.

Üppige Gastmahle mit vielen Gästen

Im privaten Bereich sind Hochzeiten und Totenfeiern die wichtigsten Anlässe, zu denen Verwandte, Freunde und Nachbarn zum gemeinsamen Essen zusammenkommen. Zwar ist ein kleiner Unkostenbeitrag üblich, dennoch können solche Feiern, wenn sie sich binnen kurzer Zeit häufen, eine einfache Familie knapp an den Rand des Ruins führen.

GÖTTER-SPEISEN

Zu den religiösen Festen bereitet man zu Hause Speisen zu – keine speziellen Gerichte, jeder nach seinem Geldbeutel – und bringt sie zum Tempel, wo gemeinsam gefeiert wird. Die Mönche, die in Thailand eine ganz besondere Wertschätzung genießen, werden dabei immer zuerst bewirtet.

1
2
3
4
5
6

Die wichtigsten Zutaten

Zarte bis höllische Schärfe, zitronige Frische und ein feines Kokosaroma sind die bestimmenden Geschmackszutaten der Thaiküche.

1. Kokosmilch

Kokosmilch gibt Suppen und Saucen eine weiche, sahnige Fülle. In Thailand stellt man sie natürlich selbst aus frischen Kokosnüssen her, ungezuckerte Kokosmilch aus der Dose eignet sich aber bestens für alle Rezepte dieses Buches. Für Suppen und Saucen wird häufig etwas vom dickflüssigen, fettreichen Teil, der sich oben auf der Kokosmilch absetzt, statt Öl zum Anbraten der Gewürze und Currypasten verwendet (siehe auch Seite 17, Küchengeheimnis). In diesem Fall sollten Sie die Dose vor Gebrauch nicht schütteln!

2. Chilis

Chilis bilden das feurige Herzstück der thailändischen Küche, am meisten verwendet werden die kleinen roten und grünen Chilischoten. Faustregel: je kleiner, desto schärfer. Wenn Ihr Gaumen (noch) nicht an Chilis gewöhnt ist, dann entfernen Sie die Samen und Trennhäutchen, denn in ihnen steckt der Hauptteil des für die Schärfe verantwortlichen Capsaicins. Machen Sie übrigens nicht den Fehler, das Brennen im Mund mit Wasser löschen zu wollen! Dadurch verschlimmern Sie die Sache nur, besser geeignet ist Reis.

3. Zitronengras

Die 25–30 cm langen harten Stängel haben ein feines Aroma, das vielen Thai-Gerichten zitronige Frische verleiht. Für Currypasten verwendet man das weichere untere Drittel, die übrigen Teile werden mitgegart, aber nicht mitgegessen. Zitronengras lässt sich ganz einfach im Gartenbeet oder im Töpfchen ziehen. Achten Sie nur darauf, es reichlich zu gießen. Sie können Zitronengras, am besten gleich in Stücke geschnitten, einfrieren oder ersatzweise getrocknetes Zitronengras verwenden.

4. Koriander

Im Asienladen wird Koriander immer mit den Wurzeln angeboten. Diese Wurzeln (und manchmal auch die Stängel) werden im Mörser fein zerstoßen und runden den Geschmack vieler Currypasten ab. Die Korianderblätter, die ein pfeffriges, leicht seifiges Aroma haben, sind neben den verschiedenen Thai-Basilikumsorten (siehe nächste Seite) das meist verwendete Würzkraut für Suppen, Salate und Currys. Koriandergrün verwelkt rasch, deshalb möglichst frisch kaufen oder selbst im Töpfchen auf der Fensterbank ziehen.

5. Ingwer

Frischen Ingwer erkennen Sie an seiner matt schimmernden, glatten und cremefarbenen Oberfläche mit frischen »Augen«. Wenn Sie ihn anschneiden, sollte saftiges gelbes Fleisch mit frischem, beißend scharfem Geruch zutage kommen. Wirkt bereits das Äußere stumpf und verschrumpelt, ist der Ingwer oft holzig und schmeckt penetrant. Man bekommt ihn inzwischen in vielen Supermärkten. In Plastik oder Alufolie gewickelt hält er sich im Gemüsefach des Kühlschranks eine gute Woche frisch.

6. Galgant

Galgant ist eine dem Ingwer ähnlich sehende cremefarbene Wurzel mit rosafarbenen Trieben, die in Suppen und gelegentlich auch in Currys Verwendung findet. Sie bekommen ihn in Asienläden und bewahren ihn im Plastikbeutel im Gemüsefach des Kühlschranks auf. Auch Galgant gibt es in getrockneter gemahlener Form. Für Suppen wird der Galgant ungeschält in Scheiben geschnitten mitgekocht und mitserviert, aber nicht mitgegessen.

NƯỚC MẮM THƯỢNG HẠNG
CÁ CƠM
CÁ CƠM
SAUCE DE POISSON
NET CONT. 25 FL.OZ. (750 ML.)
CONT NET. 25 FL.OZ. (750 ML.)
Cofe
โคฟี่
O-LIENG INSTANT DRINK
1
2
3
4
5
6
7
8
9
10

Weitere thailändische Zutaten

Sie haben in Ihrer Nähe keinen Laden, der frische asiatische Zutaten führt? Keine Sorge! Vieles lässt sich durch haltbare oder bei uns gängige Lebensmittel ersetzen. Und auf Seite 159 finden Sie Händler, bei denen Sie thailändische Zutaten bestellen können.

1. Reis
Zu jedem thailändischen Essen wird Reis serviert. Überwiegend verwendet man Duftreis, in ländlichen Gegenden auch Klebreis. Ihn kann man mit der Hand zu Bällchen formen und Gerichte mit Sauce damit auftunken. Klebreis ist auch die Grundlage vieler Süßspeisen.

2. Fischsauce
Sie wird aus vergorenen Fischen und/oder Garnelen hergestellt und ist eines der wichtigsten (salzigen) Würzmittel der Thaiküche. Angebrochene Flaschen halten sich über Monate im Kühlschrank.

3. Sojasauce
Sie ist wie die Fischsauce ein unverzichtbarer Bestandteil fast aller thailändischen Gerichte und ersetzt wie diese weitgehend das Salz. Es gibt helle und dunkle Sojasauce, beide halten sich im Kühlschrank über Monate.

4. Bambussprossen
Die essbaren Schösslinge der Bambuspflanze haben einen leicht bitteren, nussigen Geschmack und eignen sich für Suppen, Gemüsegerichte sowie Currys. Da frische Bambussprossen bei uns so gut wie nicht angeboten werden, kommen in den Rezepten dieses Buches ausschließlich küchenfertige Bambussprossen (aus der Dose oder vakuumverpackt) zum Einsatz, die Sie nur in einem Sieb kurz abspülen. Es empfiehlt sich, die Bambussprossen vor dem Garen etwas weich zu klopfen, weil sie dann die Würzaromen besser annehmen.

5. Zitronenblätter/Kaffirlimettenblätter
Zitronen- und Kaffirlimettenblätter geben Suppen und Currys eine sanfte zitronige Frische. Werden sie im Ganzen in Suppen mitgekocht oder in Currys mitgeschmort, isst man sie nicht mit. In Salaten oder Snacks werden sie aber auch fein geschnitten mitgegessen. Die Blätter lassen sich gut einfrieren.

6. Basilikum
Thailändisches Basilikum ist von unserem europäischen grundverschieden, kann also auch nicht dadurch ersetzt werden. In diesem Buch werden drei Sorten verwendet: *Bai horapha*, in den Rezepten auch Thai-Basilikum genannt, hat grüne Blätter und schmeckt frisch-würzig, *bai kaprau* hat scharf schmeckende hellgrüne Blätter und *bai mänglag,* das so genannte Lao-Basilikum, besitzt hellgrüne, frisch und zitronig schmeckende Blättchen.

7. Tamarinde
Die schotenförmigen braunschaligen Früchte des Tamarindenbaums sind bei uns frisch kaum zu bekommen. Für die Rezepte dieses Buches wird getrocknete, zu Blöcken gepresste Tamarinde verwendet. Man weicht sie in Wasser ein, presst sie gut aus und verwendet den aromatischen Saft. Tamarinde verleiht den Saucen ein unvergleichliches säuerlich-fruchtiges Aroma.

8. Palmzucker
Er wird aus dem Saft einer bestimmten Palmenart hergestellt und hat ein etwas weicheres, »runderes« Aroma als Rohrzucker. Man kann ihn durch braunen Zucker ersetzen.

9. Thai-Schalotten
Sie sind etwas kleiner als unsere europäischen Schalotten, haben eine rote Schale und sind etwas süßer und zarter im Geschmack. Das ist vor allem, wenn die Schalotten roh in Salaten verwendet werden, von Vorteil. Falls Sie sie nicht bekommen, ersetzen Sie sie durch eine etwas kleinere Menge herkömmlicher Schalotten.

10. Tofu
Tofu wird aus getrockneten, pürierten Sojabohnen gewonnen, die quarkähnliche, eiweißreiche Masse dann in Blöcke gepresst. Tofu ist, da er geschmacklich ziemlich neutral ist, vielseitig statt Fleisch zum Kochen, Braten oder Schmoren einsetzbar.

Kochen mit dem Wok

Für die thailändische Küche bietet ein Wok viele Einsatzmöglichkeiten: Sie können damit braten, frittieren und dämpfen.

Der Wok

Er entwickelt am Boden die hohen Temperaturen, die für das Kurzbraten von Fleisch und Gemüse bei hoher Temperatur nötig sind. Man brät alles nacheinander unter ständigem Rühren an, ist etwas knapp gar, schiebt man es an die Seitenwand, die etwas weniger heiß ist, und brät unten die nächste Zutat an. So bleibt alles schön knackig und die Vitamine und Nährstoffe werden geschont. Am Ende wird alles vermischt und sofort heiß serviert. Wenn Sie (noch) keinen Wok besitzen, dann verwenden Sie zum Kurzbraten eine Pfanne.

Der Holzspatel

Damit lässt sich beim Pfannenrühren alles optimal wenden ohne Kratzer zu verursachen.

Der Dämpfeinsatz

Zum Dämpfen im Wok füllen Sie etwa 5 cm hoch Wasser ein und bringen es zum Kochen, setzen dann das Gitter ein und legen das Dämpfgut, zum Beispiel in Bananenblätter Gewickeltes, direkt darauf. Ist das nicht möglich, geben Sie es auf einen feuerfesten Teller oder in eine feuerfeste Schale und stellen diese auf das Gitter.
Ihr Wok hat kein Gitter? Es tut auch ein Kuchengitter!
Sie haben keinen Wok? Dann nehmen Sie zum Dämpfen einen breiten Topf.

Der Deckel

Das ist beim Dämpfen natürlich wichtig: Deckel zu und warten, bis Fisch, Gemüse oder andere Köstlichkeiten schonend im Wasserdampf garen.

In einem Steinmörser mit Stößel bekommen Currypasten die richtige Konsistenz: Alle Zutaten und Aromen verbinden sich durch das Zerstampfen optimal.

Unerlässlich zum Schneiden: ein scharfes Messer, am besten mit schwerem Schaft, mit dem sich Zitronengras und Bambussprossen weich klopfen lassen.

Zum Kurzbraten im Wok müssen z. B. Möhren in feine streichholzförmige Stifte geschnitten sein – das geht schnell und einfach mit dem Juliennehobel.

Wenn Sie häufig asiatisch kochen, lohnt sich die Anschaffung: Im elektrischen Reiskocher gelingt der Duftreis perfekt und lässt sich leicht warm halten.

Bananenblätter

Sie werden zum Anrichten von Snacks und Salaten oder zum Dämpfen von Fisch oder Gemüse verwendet.

SCHÄLCHEN

1 Mit einem Teller Kreise von etwa 15 cm Ø markieren und ausschneiden.

2 Je zwei Bananenblattkreise aufeinander legen.

3 An vier gegenüber liegenden Stellen den Rand jeweils 1 cm übereinander schieben und mit dem Tacker fixieren.

SCHIFFCHEN

1 Aus dem Bananenblatt Quadrate von 15 x 15 cm ausschneiden.

2 Jeweils die benachbarten Ecken übereinander legen, mit dem Tacker fixieren.

3 Die so entstandene Außenwölbung nach innen drücken.

PÄCKCHEN

1 20 x 20 cm große Quadrate und je 1 Streifen von 1 x 25 cm ausschneiden. Die Füllung in der Mitte platzieren.

2 Zwei gegenüberliegende Seiten aufstellen, die beiden anderen Seiten nach oben, dann nach vorne und hinten zur Mitte hin einklappen.

3 Den Blattstreifen längs um das Päckchen wickeln und fixieren, oben schräg zuschneiden.

KÜCHENGEHEIMNIS

Möchten Sie wissen, wie man bei Currys mit Kokossauce die unvergleichliche Kombination aus Schärfe, Würze und Cremigkeit erreicht? Bereiten Sie zunächst im Mörser aus Zitronengras, Korianderwurzel, Thai-Schalotten, Knoblauch, Chilis etc. die Würzpaste zu. Geben Sie dann 2–3 EL vom dickflüssigen oberen Teil der Kokosmilch in den Wok oder in die Pfanne und lassen diesen 2 Min. aufkochen. Braten Sie die Würzpaste darin 2–3 Min. bei mittlerer Hitze unter gelegentlichem Rühren an. Dabei bilden sich viele kleine nabelförmige Löchlein. Der richtige Zustand ist erreicht, wenn sich die Masse am Rand färbt – je nach Zutaten der Paste rot, grün oder gelb. Erst jetzt kommen die übrigen Zutaten (Fleisch, Gemüse, übrige Kokosmilch etc.) hinzu. Versuchen Sie nicht, diesen Vorgang zu verkürzen, denn nur so entwickeln sich die vielfältigen Aromen optimal, und Sie erreichen das feine scharf-cremige Aroma, das thailändische Kokossaucen auszeichnet.

So entsteht der einmalige Geschmack.

TIPP!

Chilischoten geschnitten und dann unbedacht Augen oder Lippen berührt? Das brennt höllisch! So kommen Ihre Finger erst gar nicht mit den scharfen Samen und Häutchen in Berührung: Fassen Sie die Chilischote mit einer Hand am Stielansatz und schneiden mit einem scharfen Messer in der anderen, vom Körper weg, kleine Ecken ab und drehen die Schote dabei nach jedem Schnitt um ein Stückchen.

Mit dieser Technik geht garantiert nichts ins Auge.

Dämpfen im Bananenblatt

Die großen dunkelgrünen Bananenblätter werden in Thailand nicht nur zum Anrichten von Salaten und Snacks eingesetzt, sondern man faltet auch Schälchen oder Päckchen daraus, um darin Fisch oder Gemüse zu dämpfen. Die Blätter schützen dabei die Zutaten vor dem Austrocknen und geben gleichzeitig ihr zart-würziges Aroma ab.

Einkauf und Aufbewahrung

Sie bekommen die Bananenblätter in Asienläden und können sich dort Stücke in der gewünschten Länge abschneiden lassen; abgerechnet wird nach Gewicht. Da Bananenblätter nicht ganz billig sind, sollten Sie vorher ausrechnen, wie viel Sie genau brauchen. Bis zum Gebrauch lagern Sie sie am besten im Gemüsefach des Kühlschranks.

Die Blätter zum Formen vorbereiten

Vor dem Zuschneiden und Falten muss das Bananenblatt angewärmt werden, um es geschmeidig zu machen: Halten Sie es dazu kurz über die heiße Herdplatte oder bewegen es über der Gasflamme. Dann schneiden Sie Stücke in der gewünschten Form und Größe zu und falten nach der entsprechenden Anleitung (siehe links). In Thailand verwendet man zum Fixieren kleine nadelförmige Bambusstäbchen, es geht aber auch ausgezeichnet mit einem Tacker.

4
1
5
2
3
3
6

Thailändische Früchte

Frisch geschält und sofort verzehrt oder als Zutat zu pikanten oder süßen Speisen – exotische Früchte geben so manchem Gericht erst den richtigen Kick.

1. Ananas

Reife Früchte haben eine goldgelbe wabenartige Schale, einen dunkelgrünen Schopf mit frischen Blättern und einen herrlich süßen, fruchtigen Duft. Um Scheiben zu gewinnen, Schopf und Stielansatz entfernen und die Frucht aufrecht hinstellen. Mit einem scharfen Messer die Schale in Längsstreifen abschneiden. Die »Augen« diagonal herausschneiden (geht schneller, als sie einzeln auszustechen) und den harten Strunk mit einem speziellen Ananasschneider entfernen. Oder längs vierteln, den Strunk herausschneiden und das Fruchtfleisch in Stücke schneiden.

2. Mangos

Grün-, gelb- oder rotschalige, große, ovale Früchte mit einem großen Kern und einem süßen, würzigen Fruchtfleisch von leuchtend gelber Farbe. Zum Verzehr schälen und das Fruchtfleisch vom ebenfalls ovalen Kern schneiden. Schmeckt im Obstsalat, in Drinks und Desserts, aber auch als fruchtiger Akzent in scharfen Currys. Grüne unreife Mangos werden in Thailand zum Kochen und für Salate verwendet. Da Mangos bei uns auch aus Brasilien importiert werden, sind sie fast das ganze Jahr über erhältlich.

3. Papayas

Länglich-ovale Früchte mit leuchtend orange-rotem Fleisch und vielen kleinen schwarzen Samenkernen. Zum Verzehr die Frucht halbieren, die Kerne mit einem Löffel herauskratzen. Die Papaya in Spalten schneiden und schälen. Papayas sind reich an Enzymen und schmecken pur, im Obstsalat und in Drinks. Für den berühmten thailändischen Papayasalat werden unreife grüne Papayas verwendet. Während süße Papayas in gut sortierten Obstgeschäften zu bekommen sind, werden Sie grüne Papayas (wie auch grüne Mangos) eher im Asienladen finden.

4. Jackfruits

Jackfruits sind Baumfrüchte, die mehrere Kilogramm schwer werden können. Sie haben eine noppenartige, hellgrüne Haut und ein gelbes Fruchtfleisch (zur Vorbereitung der Frucht siehe Tipp Seite 142). Frische Früchte sind bei uns schwer zu bekommen, wenn Sie welche sehen, greifen Sie zu: Jackfruits haben einen intensiven, schwer zu beschreibenden Geschmack zwischen Birnen und Beeren. Für die Dessertrezepte in diesem Buch können Sie auch Jackfruits aus der Dose verwenden, die Sie im Asienladen bekommen.

5. Mangostanen

Die Früchte haben etwa die Größe von Mandarinen, eine braune bis dunkelviolettfarbene Schale und ein helles, in Segmente aufgeteiltes Fruchtfleisch mit frisch-säuerlichem Geschmack. Jedes Segment enthält einen Kern, der nicht mitgegessen wird. Mangostanen schmecken pur oder im Obstsalat.

6. Litchis

Litchis haben eine braune noppige Haut und ein saftiges weißes Fruchtfleisch, das einen Kern umschließt. Die Früchte müssen also geschält und entkernt werden. So werden »Litchi-Blüten« für die Deko daraus: Die geschälte Frucht oben dreimal quer einschneiden, die sechs Segmente auseinanderbiegen. Den Kern entfernen und stattdessen eine kleine Kirschtomate in die Mitte setzen. Probieren Sie unbedingt mal frische Litchis! Die aus der Dose reichen nicht an deren feines Aroma heran.

Suppen

Von sahnig und mild bis zitronig und scharf

Zitronengras und Zitronenblätter geben diesem Klassiker unter den thailändischen Suppen den frisch-säuerlichen Geschmack.

FÜR ANFÄNGER
MILD
KLASSIKER

ZUBEREITUNG: 30 Min.
PRO PORTION CA.: 320 kcal

FÜR 4 PERSONEN:

200 g Hähnchenbrustfilet
4 EL Fischsauce
1 Bund Koriander mit Wurzeln
1 Stück Galgant (etwa 3 cm)
4 Zitronenblätter
1 Stängel Zitronengras
1 Dose Kokosmilch (400 g), nicht geschüttelt
4 EL helle Sojasauce
8 Kirschtomaten
etwa 4 EL Zitronensaft
Salz
1 Prise Zucker

Kokossuppe mit Hähnchenfleisch

TOMKAGAI

1. Hähnchenfleisch kalt abwaschen, mit Küchenpapier trockentupfen. Das Fleisch in kleine Stückchen schneiden, in eine Schüssel geben und mit der Fischsauce vermischen. Zugedeckt ziehen lassen, bis alle übrigen Zutaten vorbereitet sind.

2. Vom Koriander die Wurzeln abschneiden, das Grün beiseite legen. Die Wurzeln waschen und sehr fein hacken. Den Galgant waschen und in dünne Scheiben schneiden. Die Zitronenblätter waschen. Das Zitronengras von äußeren harten Blättern befreien, den Stängel weich klopfen und verknoten.

3. Den dickflüssigen oberen Teil der Kokosmilch in einem Topf erhitzen und etwa 3 Min. köcheln lassen. Die gehackten Korianderwurzeln hinzufügen und 1 Min. darin anbraten. Restliche Kokosmilch, Galgant, Zitronengras und Zitronenblätter hinzufügen und zum Kochen bringen.

4. Mit $^{1}/_{2}$ l Wasser auffüllen und die Sojasauce unterrühren. Wenn die Suppe wieder kocht, das marinierte Hähnchenfleisch hineingeben, bei schwacher Hitze unter gelegentlichem Rühren etwa 5 Min. garen.

5. Inzwischen die Tomaten waschen und vierteln oder achteln und dabei die Stielansätze entfernen. Das Koriandergrün waschen und trockenschütteln, die Blättchen grob hacken.

6. Tomaten und Koriandergrün unter die Kokossuppe rühren, noch 2 Min. bei schwacher Hitze ziehen lassen. Die Suppe mit Zitronensaft, Salz und Zucker abschmecken, den Zitronengrasknoten entfernen. Zitronenblätter und Galgantscheiben werden in der Suppe mitserviert, aber nicht mitgegessen.

GARNIEREN: Einige Korianderblättchen beiseite legen und die fertige Suppe damit bestreuen.

VARIANTE: Sie können mit den Tomaten noch etwa 100 g in Streifen geschnittene Austernpilze hinzufügen.

TIPP!

Die Schärfe seiner Suppe bestimmt in Thailand jeder selbst bei Tisch. Servieren Sie zu allen Suppen ein kleines Schälchen mit einer Mischung aus 2 EL Fischsauce, 1 TL Zitronensaft und 1 fein gehackten, kleinen roten Chilischote.

Reife Wassermelonen, hier angeboten auf den schwimmenden Märkten von Bangkok.

FÜR ANFÄNGER
FRISCH-SÄUERLICH
ALLTAGSGERICHT

ZUBEREITUNG: 45 Min.
PRO PORTION CA.: 140 kcal

FÜR 4 PERSONEN:

300 g Hähnchenbrustfilet
4 EL Fischsauce
20 g gepresste Tamarinde
2 Stängel Zitronengras
1 Stück frischer Galgant (2–3 cm)
6 Zitronenblätter
2 EL *tomyam*-Paste (Glas; S. 161)
200 g Austernpilze
8 Kirschtomaten
1 Bund Koriandergrün

Hühnersuppe mit Austernpilzen

TOMYAMGAI

1. Hähnchenfleisch kalt abwaschen und mit Küchenpapier trockentupfen. Das Fleisch in sehr feine Streifen schneiden und in einer Schüssel mit der Fischsauce vermischen. Die Tamarinde in 1/8 l kaltem Wasser 10 Min. einweichen.

2. In einem Topf 3/4 l Wasser zum Kochen bringen. Zitronengras von äußeren harten Blättern befreien, die Stängel weich klopfen, verknoten und in den Topf geben. Den Galgant waschen und in feine Scheiben schneiden, die Zitronenblätter waschen. Beides mit der *tomyam*-Paste zur Suppe geben. Tamarinde gut auspressen, die Fasern wegwerfen, die Flüssigkeit in die Suppe rühren und alles 10 Min. bei schwacher Hitze köcheln lassen.

3. Die marinierten Hähnchenstreifen in die Suppe einlegen, 5 Min. köcheln lassen, gelegentlich umrühren. Austernpilze putzen, eventuell mit Küchenpapier abreiben (nicht waschen!), die harten Stiele entfernen. Die Pilze in Streifen schneiden. Die Kirschtomaten waschen und vierteln. Beides zur Suppe geben und noch 3 Min. ziehen lassen.

4. Koriandergrün waschen und trockenschütteln. Die Blättchen abzupfen und grob hacken, kurz vor dem Servieren unter die Suppe rühren.

VARIANTE: Verwenden Sie statt der Austernpilze in Scheiben geschnittene Champignons oder Egerlinge.

FÜR ANFÄNGER
MILD
FÜR FESTE

ZUBEREITUNG: 45 Min.
PRO PORTION CA.: 95 kcal

FÜR 4 PERSONEN:

200 g gehacktes Puten- oder Hähnchenfleisch (siehe Tipp)
1/2 TL Salz
1/3 TL Zucker
1 Prise weißer Pfeffer
2 EL Tapiokamehl (S. 161)
300 g Austernpilze
1 Stange Thai-Sellerie
3 Knoblauchzehen
1 EL Öl
3 EL helle Sojasauce
2 EL Fischsauce

Pilzsuppe mit Fleischbällchen

TOMJÜDHED

1. Das Hackfleisch in einer Schüssel mit Salz, Zucker und Pfeffer würzen und mit dem Tapiokamehl verkneten.

2. Die Pilze putzen, eventuell mit Küchenpapier abreiben (nicht waschen!), harte Stiele entfernen. Pilze in Streifen schneiden. Den Sellerie waschen, putzen und schräg in 2 cm lange Stücke schneiden.

3. Knoblauch schälen und fein hacken. Das Öl in einem Pfännchen erhitzen und den Knoblauch darin goldgelb braten.

4. In einem Topf 1/2 l Wasser mit Soja- und Fischsauce zum Kochen bringen. Aus der Hackfleischmasse kleine Bällchen formen (oder mit einem Esslöffel kleine Nocken abstechen), ins kochende Wasser geben.

5. Die Fleischbällchen 3–4 Min. bei mittlerer Hitze garen. Pilze und Sellerie zur Suppe geben, 3 Min. köcheln lassen. Die Pilzsuppe in Schälchen verteilen und mit dem gebratenen Knoblauch bestreuen.

GARNIEREN: Bestreuen Sie die Suppe zusätzlich mit Schnittlauchröllchen.

VARIANTEN: 50 g eingeweichte Glasnudeln zufügen und/oder die Fleischbällchen aus Schweinehackfleisch zubereiten.

TIPP!

Hackfleisch von Pute oder Hähnchen gibt es hier zu Lande nicht fertig zu kaufen, Sie müssen es entweder selbst durch den Fleischwolf drehen oder – original thailändisch – mit einem schweren Messer zuerst in sehr feine Streifen, dann in kleine Würfel schneiden und diese schließlich fein hacken.

Schnittlauch ist in Thailand nicht heimisch, passt aber ausgezeichnet zu dieser Suppe. Puristen nehmen stattdessen Koriandergrün.

Suppe mit gefüllten Gurken

TOMJÜDDÄNG

1. Die Glasnudeln für die Füllung 30 Min. in kaltem Wasser einweichen.

2. Die Frühlingszwiebel waschen, putzen und sehr fein schneiden. Den Knoblauch schälen und fein hacken. Beides mit dem Hackfleisch vermengen und mit Pfeffer, Salz und Zucker würzig abschmecken. Die Glasnudeln abgießen, in etwa 4 cm lange Stücke schneiden (Step 1) und mit der Hackfleischmasse verkneten.

3. Gurken waschen, nach Geschmack schälen, die Enden abschneiden und jede Gurke in 3–4 Stücke schneiden. Samen und das geleeartige Fruchtfleisch mit einem Teelöffel herauskratzen. Die Hackfleischmasse in die ausgehöhlten Gurkenstücke füllen (Step 2) – das geht am besten mit den Fingern.

4. Die Rinderbrühe zum Kochen bringen. Die gefüllten Gurkenstücke einlegen und bei schwacher Hitze etwa 15 Min. köcheln lassen. Die Füllung ist gar, wenn sie sich fest anfühlt und auf Fingerdruck nicht mehr nachgibt.

5. Die Gurken herausheben und abtropfen lassen. Jeweils in etwa 2 cm breite Scheiben schneiden (Step 3), vorsichtig in die Brühe zurückgeben, noch 2–3 Min. ziehen, aber nicht mehr kochen lassen.

GARNIEREN: Für Gäste die in Scheiben geschnittenen Gurken in eine Terrine geben, mit der kochend heißen Brühe übergießen und einige Minuten ziehen lassen. Mit Korianderblättchen oder Schnittlauchröllchen bestreut servieren.

VARIANTE: Schweinehackfleisch ist besonders herzhaft, zarter schmeckt die Füllung mit gehacktem Puten- oder Hähnchenfleisch (siehe Tipp Seite 24) .

TIPP!

Falls Sie keine Zeit zum Einweichen haben, können Sie die Glasnudeln auch mit kochendem Wasser überbrühen, in ein Sieb abgießen und abkühlen lassen.

1. Die eingeweichten Glasnudeln lassen sich am besten mit einer Küchenschere in die gewünschte Länge schneiden.

2. Die Gurken mit der Hackfleischmasse füllen und von beiden Seiten gut hineindrücken, damit keine Hohlräume bleiben.

3. Die gegarten Gurken in Scheiben schneiden. Vorsichtig zurück in die Brühe geben, damit die Füllung nicht herausfällt.

FÜR GEÜBTE
MILD
AUS BANGKOK

EINWEICHEN: 30 Min.
ZUBEREITUNG: 45 Min.
PRO PORTION CA.: 100 kcal

FÜR 4 PERSONEN:

2 Salatgurken
$^1/_2$ l Rinderbrühe

Für die Füllung:

20 g Glasnudeln
1 Frühlingszwiebel
1 Knoblauchzehe
100 g Schweinehackfleisch
weißer Pfeffer
$^1/_2$ TL Salz
1 Prise Zucker

Diese Suppen geben ein wohliges Gefühl im Magen, deshalb isst man sie in Thailand gerne auch schon früh morgens.

FÜR ANFÄNGER
MILD
ALLTAGSGERICHT

ZUBEREITUNG: 40 Min.
PRO PORTION CA.: 280 kcal

FÜR 4 PERSONEN:

2 Stängel Koriander mit Wurzeln
2 Thai-Frühlingszwiebeln (S. 161)
150 g Reis
3 Knoblauchzehen
4 EL Öl
200 g Schweinehackfleisch
1 EL *tangchai* (Glas; S. 161)
3 EL helle Sojasauce
1 TL Salz
1 Prise weißer Pfeffer

Reissuppe mit Hackfleisch

KAOTOMMUH

1. Den Koriander waschen, die Blättchen abzupfen und beiseite legen. Wurzel und Stiele hacken und im Mörser fein zerstoßen. Die Frühlingszwiebeln waschen, putzen und fein schneiden.

2. In einem Suppentopf 1/2 l Wasser zum Kochen bringen. Den Reis in einem Sieb gründlich kalt abspülen, abtropfen lassen und hinzufügen. 10 Min. zugedeckt bei mittlerer Hitze garen.

3. Knoblauch schälen und fein hacken. In einer Pfanne 2 EL Öl erhitzen, ein Drittel des Knoblauchs darin anbraten. Das Hackfleisch zugeben und in etwa 3 Min. garen. *Tangchai,* zerstoßenen Koriander, Sojasauce, Salz und Pfeffer zufügen. Mit 1/2 l Wasser ablöschen. 1 Min. köcheln lassen, dann zum Reis in den Topf geben.

4. In einem Pfännchen das restliche Öl erhitzen. Übrigen Knoblauch darin goldgelb braten, vor dem Servieren unter die Suppe rühren, diese mit Frühlingszwiebeln und Korianderblättchen bestreuen.

VARIANTE: Schmeckt natürlich auch mit gemischtem Hack oder Rinderhackfleisch.

TIPP!

Zum Nachwürzen bei Tisch je ein Schälchen mit der bewährten Mischung aus 2 EL Fischsauce, 1 TL Zitronensaft und 1 fein gehackten, kleinen roten Chilischote reichen.

FÜR ANFÄNGER
MILD
FÜR FESTE

ZUBEREITUNG: 45 Min.
PRO PORTION CA.: 230 kcal

FÜR 4 PERSONEN:

300 g Schweinerippchen (vom Metzger in etwa 5 cm große Stücke gehackt)
250 g Wachskürbis (S. 161)
1 Stange Thai-Sellerie
3 Knoblauchzehen
1 Stängel Koriander mit Wurzel
1/2 TL Salz
3 EL Öl
3 EL helle Sojasauce

Klare Suppe mit Rippchen und Wachskürbis

TOMJÜDPFAG

1. Die Schweinerippchen gründlich abwaschen, um sie von eventuellen Knochensplittern zu befreien, und das Fleisch mit Küchenpapier trockentupfen.

2. Vom Kürbis die Samen entfernen, das Fruchtfleisch schälen und in etwa 3 cm große Würfel schneiden. Die Selleriestange waschen, putzen und quer in Scheiben schneiden.

3. Den Knoblauch schälen und hacken. Koriander waschen, die Blättchen abzupfen und beiseite legen. Korianderwurzel und -stiel hacken, mit zwei Dritteln des Knoblauchs und dem Salz im Mörser fein zerstoßen.

4. Das Öl in einer großen Pfanne erhitzen, den restlichen Knoblauch darin anbraten. Die Rippchen hinzufügen und in etwa 5 Min. von allen Seiten goldbraun braten.

5. In einem Suppentopf 1 l Wasser mit der Sojasauce und dem zerstoßenen Koriander zum Kochen bringen. Die Rippchen hinzufügen und 10 Min. bei mittlerer Hitze garen. Kürbis und Sellerie dazugeben und alles zusammen weitere 10 Min. köcheln lassen. Die Suppe mit Korianderblättchen bestreut servieren.

VARIANTE: Falls Sie keinen Wachskürbis bekommen, ersetzen Sie ihn durch jungen Kohlrabi.

FÜR GEÜBTE
MILD
FÜR GÄSTE

EINWEICHEN: 1 Std.
ZUBEREITUNG: 45 Min.
PRO PORTION CA.: 140 kcal

FÜR 4 PERSONEN:

30 g Glasnudeln
20 g getrockneter Tofu (siehe Tipp)
20 g getrocknete Morcheln (Mu-Err-Pilze)
1 Stängel Koriander mit Wurzel
$^1/_2$ TL weiße Pfefferkörner
1 Prise Salz | 1 Prise Zucker
2 EL Tapiokamehl (S. 161)
200 g gehacktes Hähnchen- oder Putenfleisch (siehe Tipp S. 24)
1 Bund Thai-Frühlingszwiebeln (S. 161)
3 EL helle Sojasauce
Fischsauce zum Abschmecken
3 Knoblauchzehen
1 EL Öl

Glasnudelsuppe mit Morcheln

TOMJÜDWUNSENHEDHUNUH

1. Die Glasnudeln etwa 1 Std., Tofu und Morcheln in separaten Schüsseln etwa 20 Min. in kaltem Wasser einweichen.

2. Inzwischen den Koriander waschen, die Blättchen abzupfen und beiseite legen. Die Wurzel hacken, mit Pfefferkörnern, Salz und Zucker im Mörser fein zerstoßen. Das Tapiokamehl mit 1 EL kaltem Wasser anrühren. Mit dem Hackfleisch zur Würzpaste geben, alles gründlich vermengen.

3. Frühlingszwiebeln waschen, putzen und schräg in 2 cm lange Stücke schneiden. Den eingeweichten Tofu in fingerbreite Streifen schneiden.

4. In einem Suppentopf $^1/_2$ l Wasser mit der Sojasauce aufkochen. Aus der Fleischmasse walnussgroße Bällchen formen, im Wasser 3–4 Min. bei schwacher Hitze ziehen lassen, bis sie nach oben steigen.

5. Glasnudeln abgießen, in 15–20 cm lange Stücke schneiden. Morcheln ebenfalls abgießen. Beides mit Frühlingszwiebeln und Tofu in die Suppe geben und erhitzen. Die Suppe mit Fischsauce abschmecken.

6. Knoblauch schälen und fein hacken. Das Öl erhitzen, den Knoblauch darin goldgelb braten. Mit den Korianderblättchen auf die fertige Suppe streuen.

TIPPS!

Wenn's mal schnell gehen muss: Gebratenen Knoblauch gibt es im Asienladen fertig zu kaufen. Auch getrockneten Tofu bekommen Sie dort, zu flachen Blättern gepresst, die sich nach dem Einweichen in dekorative Streifen schneiden lassen.

FÜR ANFÄNGER
MILD-WÜRZIG
FÜR GÄSTE

ZUBEREITUNG: 40 Min.
BEI 6 PERSONEN
PRO PORTION CA.: 285 kcal

FÜR 4–6 PERSONEN:

300 g Duftreis
500 g rohe ungeschälte Riesengarnelen ohne Kopf (16–18 Stück)
1 Stange Thai-Sellerie
2 Thai-Frühlingszwiebeln (S. 161)
4 Knoblauchzehen
2 EL Öl
2 EL *tangchai* (Glas; S. 161)
6 EL helle Sojasauce
2 EL Fischsauce
$^1/_2$ TL Zucker

Reissuppe mit Garnelen

KAOTOMGUNG

1. Den Reis in einem Sieb gründlich kalt abspülen, abtropfen lassen und mit 450 ml Wasser zum Kochen bringen. Zugedeckt bei schwacher Hitze 15 Min. garen.

2. Inzwischen die Garnelen schälen, dabei das Schwanzende daran belassen. Die Garnelen längs vom Rücken bis zum Bauch durchschneiden, so dass sie nur noch am Schwanzende zusammenhalten und eine Schmetterlingsform bilden. Den schwarzen Darmfaden entfernen.

3. Den Stangensellerie waschen, die Blätter abschneiden und beiseite legen. Die Stange in feine Scheiben schneiden. Die Frühlingszwiebeln waschen, putzen und klein schneiden.

4. Knoblauch schälen und fein hacken. Das Öl erhitzen, den Knoblauch darin goldgelb braten. In eine kleine Schüssel füllen.

5. In einem Suppentopf 1 $^1/_2$ l Wasser zum Kochen bringen. *Tangchai*, Sojasauce, Fischsauce, Zucker und Sellerie hineingeben und 2–3 Min. kochen lassen. Die Garnelen einlegen und 2 Min. darin köcheln lassen. Gegarten Reis und Zwiebeln hinzufügen und 2 Min. ziehen lassen.

6. Sellerieblätter hacken und über die Suppe streuen. Jeder gibt bei Tisch selbst gebratenen Knoblauch nach Geschmack über seine Suppe.

GARNIEREN: Wenn Sie die Suppe gleich, nachdem der Reis darin gezogen hat, auf Schälchen verteilen, auf jede Portion ein kleines Sellerieblatt geben und darauf 1–2 rote Chiliringe legen.

VARIANTEN: Sie können auch gemischte Meeresfrüchte (frisch oder TK) oder Fischfilet verwenden.

Hier zwei Suppen ganz ohne Fleisch, Fisch oder Meeresfrüchte, die in Thailand allerdings eher die Ausnahme sind.

FÜR ANFÄNGER
MILD
VEGETARISCH

ZUBEREITUNG: 40 Min.
BEI 6 PERSONEN
PRO PORTION CA.: 180 kcal

FÜR 4–6 PERSONEN:

200 g Thai-Spargel (S. 161)
100 g Zuckerschoten
50 g Kürbis, ohne Fasern und Samen (siehe Tipp)
1 Stängel Koriander mit Wurzel
2 cm Galgant
1 Stängel Zitronengras
4 Zitronenblätter
1 Dose Kokosmilch (400 g), nicht geschüttelt
4 EL helle Sojasauce
2 EL Fischsauce
$^1/_2$ TL Zucker
10 Kirschtomaten

Kokossuppe mit Spargel und Zuckerschoten

TOMKHANOMAIFARANG

1. Spargel waschen, die trockenen Enden abschneiden und die Stangen schräg in 5 cm lange Stücke schneiden. Zuckerschoten waschen, putzen und schräg halbieren oder dritteln. Kürbis schälen und in Stücke von etwa 0,5 x 2 cm Größe schneiden.

2. Vom Korianderstängel die Wurzel abschneiden (das Koriandergrün beiseite legen), waschen und sehr fein hacken. Galgant waschen und ebenfalls fein hacken. Das Zitronengras von äußeren harten Blättern befreien, den Stängel weich klopfen und verknoten. Zitronenblätter waschen und in sehr feine Streifen schneiden.

3. In einem Topf 2 EL vom dickflüssigen oberen Teil der Kokosmilch 2–3 Min. aufkochen. Korianderwurzel, Galgant, Zitronengras und die Zitronenblätter zufügen und 2 Min. anbraten, bis sich die Kokoscreme am Rand grün färbt. Die restliche Kokosmilch, $^1/_4$ l Wasser, Sojasauce, Fischsauce sowie den Zucker hinzufügen und alles wieder zum Kochen bringen.

4. Die Kürbisstücke in die Suppe geben und 2 Min. bei mittlerer Hitze köcheln lassen. Den Spargel dazugeben und 5 Min. mitkochen. Die Kirschtomaten waschen und halbieren. Mit den Zuckerschoten hinzufügen und 3 Min. garen.

5. Den Koriander waschen und trockenschütteln, die Blättchen abzupfen und grob hacken. Kurz vor dem Servieren unter die Suppe rühren.

GARNIEREN: Aus 4 dünnen Scheiben Kürbisfleisch mit einem Plätzchenausstecher Blüten (oder Ähnliches) ausstechen und kurz in der Suppe mitgaren. Die Kürbisblüten wieder aus der Suppe herausfischen und trockentupfen. Auf jede Suppenportion 1 Blüte geben und mit 1 Korianderblättchen belegen.

TIPP!
Statt Kürbis können Sie für diese Suppe auch eine kleine, in feine Stifte geschnittene Möhre verwenden.

FÜR ANFÄNGER
MILD
VEGETARISCH

ZUBEREITUNG: 40 Min.
PRO PORTION CA.: 105 kcal

FÜR 4 PERSONEN:

10 g Glasnudeln
100 g Wachskürbis, ohne Samen (S. 161)
100 g Zuckerschoten
2 Stangen Thai-Sellerie
2 Knoblauchzehen
2 EL Öl
2 EL *tangchai* (Glas; S. 161)
3 EL helle Sojasauce
2 EL Fischsauce

Glasnudelsuppe mit Gemüse

TOMJÜDPAGGABWUNSEN

1. Die Glasnudeln 30 Min. in kaltem Wasser einweichen. Inzwischen den Kürbis schälen und in 1 cm große Würfel schneiden. Zuckerschoten waschen, putzen und schräg in 1 cm breite Stücke schneiden. Sellerie waschen, die Blättchen beiseite legen, die Stangen in Scheiben schneiden.

2. Den Knoblauch schälen und fein hacken. Das Öl in einem Pfännchen erhitzen. Den Knoblauch darin goldgelb anbraten, den *tangchai* hinzufügen und 2 Min. bei schwacher Hitze mitbraten.

3. In einem Topf $^1/_2$ l Wasser zum Kochen bringen. Knoblauch, *tangchai*, Sojasauce, Fischsauce, Kürbis und Sellerie zufügen, etwa 10 Min. bei mittlerer Hitze köcheln lassen, bis das Kürbisfleisch weich ist.

4. Glasnudeln abgießen, mit der Küchenschere in die gewünschte Länge schneiden. Mit den Zuckerschoten zur Suppe geben und in etwa 2 Min. fertig garen.

GARNIEREN: Von den Selleriestangen die Blättchen fein schneiden und vor dem Servieren über die Suppe streuen.

VARIANTE: Den Kürbis durch Zucchini ersetzen, die allerdings eine kürzere Garzeit (etwa 5–7 Min.) haben.

Schmeckt fein und sieht sehr dekorativ aus – etwas für anspruchsvolle Gäste.

Tintenfischsuppe

TOMJÜDPLAMÜG

FÜR GEÜBTE
MILD
AUS BANGKOK

ZUBEREITUNG: 50 Min.
PRO PORTION CA.: 90 kcal

FÜR 6 PERSONEN:

1 Stange Thai-Sellerie
1 Zwiebel
2 Knoblauchzehen
200 g Schweinehackfleisch
2 EL Fischsauce
1/4 TL weißer Pfeffer
1/4 TL Zucker
4 küchenfertige Tintenfischtuben (zum Füllen; etwa 300 g)
6 EL helle Sojasauce

Außerdem:

Holzspießchen

1. Sellerie waschen und putzen. Die Blättchen abschneiden und für die Dekoration beiseite legen, die Stange fein hacken. Zwiebel schälen und klein würfeln. Den Knoblauch schälen und fein hacken.

2. Das Hackfleisch mit Zwiebeln, Knoblauch und einem Drittel des Selleries verkneten, mit Fischsauce, Pfeffer und dem Zucker würzen.

3. Tintenfische innen und außen waschen und mit Küchenpapier trockentupfen. Mit der Hackfleischfarce füllen und mit Holzspießchen zustecken (Step 1).

4. Im Wok 1/2 l Wasser mit der Sojasauce und dem restlichen Sellerie zum Kochen bringen. Das Gitter einsetzen, die gefüllten Tintenfische darauf legen (Step 2). Etwa 15 Min. zugedeckt dämpfen.

5. Die Tintenfische herausnehmen, in etwa 1 cm dicke Scheiben schneiden (Step 3) und in Suppenschälchen verteilen. Mit der Brühe aufgießen. Die Sellerieblättchen hacken und die Suppe damit bestreuen.

VARIANTE: Statt mit Hackfleisch können Sie die Tintenfische auch mit klein geschnittenen Garnelen füllen.

TIPP!

Wenn das nicht bereits Ihr Fischhändler erledigt hat, müssen Sie von den Tintenfischtuben die Haut abziehen und den Chitinschild entfernen.

1. Die Tintenfischtuben mit der Fleischfarce füllen und mit Holzspießchen zustecken.

2. Auf das Gitter in den Wok legen und zugedeckt über der kochenden Brühe dämpfen.

3. Die Tintenfische in 1 cm dicke Scheiben schneiden und mit der heißen Brühe servieren.

In Daras Heimat verwendet man für die Kokossuppe einen Süßwasserfisch namens Plaschon. Er ähnelt in Geschmack und Konsistenz unserer Lachsforelle, die daher ein guter Ersatz ist.

FÜR ANFÄNGER
MILD
FÜR GÄSTE

ZUBEREITUNG: 35 Min.
PRO PORTION CA.: 200 kcal

FÜR 6 PERSONEN:

400 g Fischfilet (z. B. von der Lachsforelle bzw. vom Rotbarsch oder Kabeljau wie auf dem Titelfoto)
2 EL Zitronensaft
2 Stängel Zitronengras
1 Stück frischer Galgant (2–3 cm)
4 Zitronenblätter
2 EL *tomyam*-Paste (Glas; S. 161)
1 Dose Kokosmilch (400 g)
1 kleines Bund Koriandergrün
2 EL Fischsauce

Kokossuppe mit Fisch

TOMYAMNAMKON

1. Fischfilets kalt abwaschen, mit Küchenpapier trockentupfen, in Würfel schneiden und mit dem Zitronensaft beträufeln.

2. Das Zitronengras von äußeren harten Blättern befreien, die Stängel weich klopfen und verknoten. Galgant waschen und in feine Scheiben schneiden. Die Zitronenblätter waschen.

3. In einem Topf 1/2 l Wasser erhitzen, die vorbereiteten Zutaten und die *tomyam*-Paste hinzufügen, 10 Min. bei schwacher Hitze köcheln lassen.

4. Die Kokosmilch hinzufügen und zum Kochen bringen. Den Fisch einlegen und bei sehr geringer Hitze in etwa 3 Min. in der Suppe gar ziehen lassen.

5. Inzwischen das Koriandergrün waschen, die Blättchen abzupfen, nach Belieben grob zerkleinern. Die Suppe mit Fischsauce abschmecken, mit Koriandergrün bestreut servieren.

GARNIEREN: Den unteren Teil von einem Stängel Zitronengras schräg in Scheiben schneiden und zur Suppe geben. Sieht hübsch aus (siehe Titelfoto), wird aber nicht mitgegessen.

VARIANTE: Wer mag, fügt noch ein paar Strohpilze hinzu – getrocknete Pilze vorher einweichen; Pilze aus der Dose in ein Sieb abgießen, kalt abbrausen und zur Suppe geben.

FÜR GEÜBTE
ZITRONIG-FRISCH
FÜR FESTE

ZUBEREITUNG: 40 Min.
PRO PORTION CA.: 110 kcal

FÜR 4 PERSONEN:

16 rohe ungeschälte Riesengarnelen ohne Kopf (etwa 400 g; frisch oder TK)
2 Stängel Zitronengras
1 Stück frischer Galgant (3 cm)
4 Zitronenblätter
2 EL *tomyam*-Paste (Glas; S. 161)
200 g Austernpilze
4 EL Zitronensaft

Zum Nachwürzen:

1 kleine rote Chilischote
2 EL Fischsauce
1 TL Zitronensaft

Garnelensuppe

TOMYAMGUNG

1. Die Garnelen schälen, dabei das Schwanzende daran belassen. Die Garnelen längs vom Rücken bis zum Bauch durchschneiden, sodass sie nur noch am Schwanzende zusammenhalten und eine Schmetterlingsform bilden. Den schwarzen Darmfaden entfernen.

2. In einem Topf 3/4 l Wasser zum Kochen bringen. Das Zitronengras von äußeren harten Blättern befreien, die Stängel weich klopfen, verknoten und in den Topf geben. Galgant waschen und in feine Scheiben schneiden, die Zitronenblätter waschen. Beides mit der *tomyam*-Paste dazugeben, 10 Min. bei geringer Hitze köcheln lassen.

3. Inzwischen die Austernpilze mit Küchenpapier abreiben, harte Stiele entfernen. Die Pilze in Streifen schneiden, zur Suppe geben und diese weitere 3 Min. köcheln lassen.

4. Die Riesengarnelen einlegen und etwa 2 Min. ziehen lassen, bis sie weiß und fest, aber noch saftig sind. Die Suppe mit dem Zitronensaft abschmecken.

5. Chilischote waschen, putzen und fein hacken. Mit Fischsauce und Zitronensaft in einem Schälchen verrühren und separat zum Nachwürzen servieren.

GARNIEREN: Auf jede Portion 1 Zitronenblatt legen, darauf nach Belieben einige gelbe oder rote Chiliringe.

VARIANTEN: Statt der Riesengarnelen schmeckt auch Tintenfisch sehr gut in dieser Suppe: 250 g küchenfertige Sepia-Körper in 2 x 3 cm große Stücke schneiden und mit einem scharfen Messer rautenförmig einkerben. Ebenfalls etwa 2 Min. in der Suppe gar ziehen lassen.

Snacks und Salate

Von knusprig Gebackenem bis zu würzigen Salaten

Die hier vorgestellten Dips passen gut zu allen frittierten Snacks in diesem Kapitel, werden aber auch gerne zu Fleisch- oder Fischgerichten serviert, um diese individuell nachzuwürzen.

FÜR ANFÄNGER
WÜRZIG-SCHARF
AUS SÜDTHAILAND

ZUBEREITUNG: 5 Min.
PRO PORTION CA.: 15 kcal

FÜR 4 PERSONEN:

- 1 kleines Stück Salatgurke (etwa 1 cm)
- 1 kleine rote Chilischote
- 3 EL Reisessig
- 1 EL Zucker | 1/2 TL Salz
- 1 Chiliblüte nach Belieben (Garniertipp S. 123)

Süßsaurer Chilidip

NAMJIMDÄNG

1. Das Gurkenstück nach Belieben schälen, Samen und das geleeartige Fruchtfleisch entfernen, das Gurkenfruchtfleisch sehr fein würfeln. Die Chilischote waschen, putzen und sehr fein hacken.

2. Den Essig mit Zucker und Salz verrühren, bis sich beides auflöst, die Chili- und Gurkenwürfelchen unterrühren.

3. Den Dip in ein Schälchen füllen, nach Belieben mit einer Chiliblüte dekorieren.

TIPP!
Dieser Dip passt auch gut zu gegrilltem Fleisch oder Fisch.

FÜR ANFÄNGER
SEHR SCHARF
AUS ISAN

ZUBEREITUNG: 10 Min.
PRO PORTION CA.: 15 kcal

FÜR 4 PERSONEN:

- 1 Stängel Koriander mit Wurzel
- 1 Knoblauchzehe
- 4 kleine grüne Chilischoten
- 2 EL helle Sojasauce
- 2 EL Limettensaft
- 1 TL Zucker
- 1 Limettenscheibe

Koriander-Limetten-Dip

NAMPRIGMANAOW

1. Den Koriander waschen. Die Wurzel abschneiden, etwas zerkleinern und im Mörser sehr fein zerstoßen.

2. Den Knoblauch schälen und hacken. Chilischoten waschen, putzen und zerkleinern. Beides zur Korianderwurzel in den Mörser geben und grob stampfen. Die Masse in einem Schüsselchen mit Sojasauce, Limettensaft und Zucker verrühren.

3. Das Koriandergrün fein schneiden und untermischen. Den Koriander-Limetten-Dip in ein Schälchen füllen und mit der Limettenscheibe garnieren.

TIPP!
Dieser scharf-säuerliche Dip passt besonders gut zu Fisch- und Meeresfrüchte-Snacks.

FÜR ANFÄNGER
SÜSSSCHARF
AUS BANGKOK

ZUBEREITUNG: 5 Min.
PRO PORTION CA.: 15 kcal

FÜR 4 PERSONEN:

- 3 kleine rote Chilischoten
- 2 EL dunkle Sojasauce
- 2 EL Limettensaft
- 1 EL Fischsauce

Dunkler Chilidip

NAMJIMSIUW

1. Die Chilischoten waschen, putzen und sehr fein hacken. Wer es nicht allzu scharf liebt, entfernt dabei die Samen teilweise oder vollständig.

2. Die dunkle Sojasauce mit dem Limettensaft und der Fischsauce verrühren, die gehackten Chilis untermischen. Den Dip in ein Schälchen füllen.

TIPP!
Der Dip passt gut zu den Gefüllten Hähnchenflügeln von Seite 61.

CÁ
THƠM
SAUCE DE
NET CONT. 25 FL.OZ.
CONT NET. 25 FL.OZ.
THAI WORLD IMPORT &

Die Frühlingsröllchen sind in Thailand ein beliebter Snack, der an jeder Straßenecke verkauft wird.

Frühlingsröllchen

POPIA

FÜR GEÜBTE
KNUSPRIG MILD
FÜR GÄSTE

ZUBEREITUNG: 1 Std. 30 Min.
PRO STÜCK CA.: 100 kcal

FÜR 40 STÜCK:

Für die Füllung:

100 g Glasnudeln
250 g Möhren
250 g Weißkohl
250 g Sojasprossen
3 Knoblauchzehen
3 EL Öl
200 g Hackfleisch (Rind, Schwein oder gemischt)
2 TL Salz | weißer Pfeffer
2 TL Zucker

Außerdem:

1 Ei
40 Teigblätter für Frühlingsrollen (Fertigprodukt)
1 l Öl zum Frittieren

Zum Dippen:

süßsaurer Chilidip (Rezept S. 40)

1. Die Glasnudeln 30 Min. in kaltem Wasser einweichen. Inzwischen die Möhren schälen und grob raspeln. Den Weißkohl fein hobeln. Die Sojasprossen abbrausen und gut abtropfen lassen. Alles in eine Schüssel geben.

2. Knoblauchzehen schälen und fein hacken. Das Öl in einer Pfanne erhitzen und den Knoblauch darin goldgelb anbraten. Das Hackfleisch hinzufügen und in 3–5 Min. krümelig braten, salzen und pfeffern und etwas abkühlen lassen.

3. Die Glasnudeln abgießen, mit einer Küchenschere in etwa 4 cm lange Stücke schneiden und zum Gemüse geben. Mit Salz, Pfeffer und Zucker würzen. Das abgekühlte Hackfleisch dazugeben und alles sehr gut vermischen.

4. Das Ei in ein Schüsselchen aufschlagen und leicht verquirlen. Jeweils 1 Frühlingsrollen-Teigblatt vorsichtig vom Stapel ablösen und mit der Spitze zum Körper zeigend auf die Arbeitsfläche legen. Etwa 2 gehäufte EL Füllung in die Mitte geben und quer verteilen (Step 1). Das Teigblatt mit der Füllung wie unten gezeigt zu etwa 10 cm langen Röllchen wickeln (Step 2, 3).

5. Das Öl im Wok oder in einem breiten Topf erhitzen. Es ist heiß genug, wenn am Stiel eines hineingehaltenen Holzkochlöffels kleine Bläschen aufsteigen. Die Frühlingsröllchen portionsweise einlegen und schwimmend in 5–8 Min. goldbraun ausbacken. Mit einem Schaumlöffel herausnehmen und auf Küchenpapier abtropfen lassen; mit dem Chilidip servieren.

GARNIEREN: mit Kräutergrün

GETRÄNK: Bier

VARIANTE: Vegetarier erhöhen den Gemüseanteil auf insgesamt 1 kg und mischen den goldgelb gebratenen Knoblauch unter.

TIPPS!

In Thailand brät man auch das Gemüse für die Füllung kurz an. Dara bevorzugt die hier beschriebene Variante, bei der das Gemüse schön knackig bleibt.
Die Frühlingsröllchen lassen sich übrigens unfrittiert gut einfrieren.

1. Das Teigblatt auf die Arbeitsfläche legen und die Füllung in der Mitte quer verteilen.

2. Die hintere Blattspitze über die Füllung schlagen. Die seitlichen Ecken nach innen falten.

3. Das Teigblatt straff aufwickeln. Die offene Teigspitze mit etwas Ei befeuchten und festkleben.

Die pikanten »Plätzchen« auf dieser Seite schmecken auch kalt sehr gut, eignen sich also prima fürs kalte Buffet.

FÜR GEÜBTE
WÜRZIG
AUS BANGKOK

ZUBEREITUNG: 50 Min.
PRO STÜCK CA.: 50 kcal

FÜR ETWA 24 STÜCK:

100 g grüne Bohnen
4 Zitronenblätter
1 Bund Koriandergrün
3 Stängel Zitronengras
3 Knoblauchzehen
3 Thai-Schalotten
1 Ei
3 EL Tapiokamehl (S. 161)
1 TL rote Currypaste (Rezept S. 64 oder fertig gekauft)
1 TL Salz | 1 TL Zucker
300 g Hähnchen- oder Putenfleisch
Öl zum Frittieren

Zum Dippen:

süßsaurer Chilidip (Rezept S. 40)

Fleischplätzchen mit Bohnen

TODMANGAI

1. Bohnen waschen und putzen, eventuelle Fäden entfernen. Bohnen in sehr feine Scheiben schneiden. Zitronenblätter waschen und in sehr feine Streifen schneiden. Den Koriander waschen und trockenschütteln, die Blättchen grob hacken.

2. Die Zitronengrasstängel von den äußeren harten Blättern befreien. Das untere weiche Drittel grob zerkleinern (den Rest anderweitig, z. B. für Suppen verwenden). Knoblauchzehen und Schalotten schälen. Alles mit dem Ei, dem Mehl, der Currypaste, Salz und Zucker im Mixer zu einer feinen Paste pürieren.

3. Das Geflügelfleisch kalt abwaschen, mit Küchenpapier trockentupfen, fein hacken (siehe Tipp Seite 24) und in eine Schüssel geben. Die Gewürzpaste gründlich mit dem Hackfleisch verkneten. Bohnen, Zitronenblätter und Koriander unterkneten.

4. Das Öl im Wok oder in einem breiten Topf erhitzen. Aus der Hackfleischmasse kleine, nicht zu dicke Plätzchen von etwa 4 cm Ø formen.

5. Wenn das Öl heiß genug ist (an dem hineingehaltenen Stiel eines Holzkochlöffels steigen kleine Bläschen auf), die Fleischplätzchen portionsweise hineingeben und von jeder Seite in etwa 2 Min. goldgelb frittieren. Herausnehmen und auf Küchenpapier entfetten. Warm oder kalt mit dem Chilidip servieren.

GARNIEREN: Eine Platte mit Salatblättern auslegen, die Fleischplätzchen darauf anrichten.

GETRÄNK: Wasser, Bier

VARIANTE: Kräftiger im Geschmack sind die Fleischplätzchen aus gemischtem Hackfleisch.

FÜR GEÜBTE
MILD
AUS UBON

ZUBEREITUNG: 45 Min.
PRO STÜCK CA.: 65 kcal

FÜR ETWA 24 STÜCK:

300 g Süßkartoffeln
2 Korianderwurzeln
2 Thai-Schalotten
1 TL Salz
$^1/_3$ TL Zucker
1 Prise weißer Pfeffer
2 frische Maiskolben
2 Eier
Öl zum Frittieren

Zum Dippen:

süßsaurer Chilidip mit reichlich Gurke (Rezept S. 40)

Süßkartoffel-Mais-Plätzchen

TODMANTEDGBAKAOPOD

1. Die Süßkartoffeln schälen und in Stifte (wie Pommes frites) schneiden. 5 cm hoch Wasser in einen Topf füllen. Eine doppelte Lage Alufolie leicht durchhängend über den Topfrand spannen, viele kleine Löcher hineinstechen. Kartoffelstifte darauf verteilen. Das Wasser zum Kochen bringen, den Deckel aufsetzen und die Süßkartoffeln in etwa 15 Min. zugedeckt weich dämpfen.

2. Inzwischen die Korianderwurzeln waschen und klein schneiden. Die Schalotten schälen und ebenfalls etwas zerkleinern. Beides im Mörser mit Salz, Zucker und Pfeffer zu einer feinen Paste zerreiben.

3. Die Maiskolben waschen und abtrocknen. Die Körner mit einem scharfen Messer vom Kolben schneiden (siehe Seite 119). Die Körner müssen dabei nicht intakt bleiben, sondern sollen sogar etwas angeschnitten werden.

4. Die gedämpften Süßkartoffeln in eine Schüssel geben. Mit der Würzpaste, dem Mais und den Eiern verkneten.

5. Im Wok oder in einem breiten Topf das Frittieröl erhitzen. Es ist heiß genug, wenn am Stiel eines hineingehaltenen Holzkochlöffels Bläschen aufsteigen. Aus der Masse nicht zu dicke Plätzchen von etwa 4 cm Ø formen, im Fett schwimmend von jeder Seite etwa 2 Min. goldbraun ausbacken. Herausheben und auf Küchenpapier abtropfen lassen. Mit dem Chilidip servieren.

GARNIEREN: Kleine Chilischoten längs fransig schneiden und kurz ins Wasser legen, damit sie schön aufspringen.

GETRÄNK: Wasser, Bier

VARIANTE: Zu den Süßkartoffeln passen auch in feine Streifen geschnittener Weißkohl oder in Julienne geschnittene Möhren.

Meeresfrüchte sind auch in Thailand nicht ganz billig, deshalb gibt es die beiden Leckereien auf dieser Seite auch eher an Festtagen.

FÜR GEÜBTE
WÜRZIG
FÜR GÄSTE

ZUBEREITUNG: 45 Min.
PRO PORTION CA.: 295 kcal

FÜR 4 PERSONEN:

100 g grüne Bohnen
5 Zitronenblätter
1 Korianderwurzel
2 Stängel Zitronengras
3 Knoblauchzehen
1 Thai-Schalotte
1 Ei
1 EL Tapiokamehl (S. 161)
1 TL rote Currypaste (Rezept S. 64 oder fertig gekauft)
1 TL Salz | 1/2 TL Zucker
1/4 TL weißer Pfeffer
500 g rohe ungeschälte Garnelen (frisch oder TK)
Öl zum Frittieren

Garnelenplätzchen

TODMANGUNG

1. Bohnen waschen und abtropfen lassen, die Enden und eventuelle Fäden entfernen. Die Bohnen in sehr feine Scheiben schneiden. Zitronenblätter waschen und in sehr feine Streifen schneiden.

2. Die Korianderwurzel waschen und etwas klein schneiden. Die Zitronengrasstängel von äußeren harten Blättern befreien. Das untere weiche Drittel grob zerkleinern (den Rest anderweitig, z. B. für Suppen verwenden). Knoblauch und Schalotte schälen. Alles mit dem Ei, dem Mehl, der Currypaste, Salz, Zucker und Pfeffer im Mixer zu einer feinen Paste pürieren.

3. Die Garnelen schälen, jeweils längs am Rücken einschneiden und den schwarzen Darmfaden entfernen. Die Garnelen grob hacken und mit der Würzpaste vermischen. Bohnen und Zitronenblätter dazugeben und alles gut verkneten.

4. Im Wok oder in einem breiten Topf das Öl zum Frittieren erhitzen. Es ist heiß genug, wenn am Stiel eines hineingehaltenen Holzkochlöffels kleine Bläschen aufsteigen. Aus der Masse kleine, nicht zu dicke Plätzchen von etwa 4 cm Ø formen und im Fett schwimmend von jeder Seite etwa 2 Min. goldgelb (nicht zu dunkel) ausbacken. Herausheben und auf Küchenpapier abtropfen lassen.

GARNIEREN: Zitronenhälften am Rand zackenförmig einschneiden, die Platte mit den Garnelenplätzchen damit dekorieren.

GETRÄNK: Wasser, Bier

VARIANTEN: Statt Garnelen können Sie auch festfleischigen Fisch, z. B. Tunfisch oder Seeteufel verwenden. Statt der Bohnen passen auch 100 g frische Maiskörner.

FÜR ANFÄNGER
MILD
AUS UBON

ZUBEREITUNG: 40 Min.
PRO PORTION CA.: 245 kcal

FÜR 4 PERSONEN:

150 g *kayäng*-Blätter (S. 160; ersatzweise dieselbe Menge Bärlauch oder 2–3 Bund Dill)
3 EL Reismehl | 1 Ei
1/2 TL Salz
1 Prise weißer Pfeffer
250 g rohe geschälte Shrimps
Öl zum Ausbacken

Für den Dip:

10 g gepresste Tamarinde
1 EL helle Sojasauce
2 TL brauner Zucker
1/3 TL Salz
1/3 TL Chilipulver
2 Thai-Schalotten
1 EL Öl

Garnelen im Kayäng-Teig

GUNGPÄNBAIKAYÄNG

1. Für den Dip die Tamarinde 10 Min. in 50 ml Wasser einweichen. Inzwischen die *kayäng*-Blätter waschen, trockentupfen und in feine Streifen schneiden.

2. Die Tamarinde auspressen, die Flüssigkeit in einem kleinen Topf auffangen, die Fasern wegwerfen. Den Tamarindensaft zum Kochen bringen, Sojasauce, Zucker, Salz und Chilipulver dazugeben und alles 2 Min. köcheln lassen. Den Dip in ein Schälchen füllen und abkühlen lassen.

3. Reismehl, Ei und 110 ml kaltes Wasser verrühren, mit Salz und Pfeffer würzen. *Kayäng*-Blätter und Shrimps unterrühren.

4. Etwa 1 cm hoch Öl in eine Pfanne geben und erhitzen. Mit etwas Abstand voneinander Portionen von je 1 EL des Teigs hineinsetzen und 2 Min. braten. Umdrehen und von der anderen Seite ebenfalls 2 Min. braten. Herausnehmen und auf Küchenpapier abtropfen lassen.

5. Die Garnelenplätzchen eventuell im Backofen bei 50° warm halten, bis alle ausgebacken sind.

6. Die Schalotten für den Dip schälen, längs halbieren und in feine Spalten schneiden. Das Öl in einer Pfanne erhitzen und die Schalotten darin bei mittlerer Hitze in etwa 5 Min. hellbraun braten. Über den Tamarinden-Dip streuen und diesen zu den Garnelen im *kayäng*-Teig servieren.

GARNIEREN: Die Garnelenplätzchen einzeln auf zugeschnittene Reisblätter oder Pergamentpapier geben und dann auf dem Serviergeschirr dekorativ stapeln.

GETRÄNK: Wasser, Weißwein

Es braucht ein wenig Übung, die Kohlblätter so zu falten, dass die Päckchen zusammenhalten. Bei Bedarf helfen Holzzahnstocher.

Garnelen im Chinakohlblatt

PAGADKAUHOHGUNG

1. Chinakohlblätter ablösen und die weißen Mittelrippen entfernen (siehe Tipp). Die Blätter in eine Schüssel geben. Wasser zum Kochen bringen, über die Blätter gießen und diese 2–3 Min. quellen lassen. Das Wasser abgießen, die Blätter auf einem Küchentuch ausbreiten, abtropfen lassen.

2. Garnelen schälen, längs am Rücken einschneiden und den schwarzen Darmfaden entfernen. Garnelen fein hacken. Maiskolben waschen, abtrocknen. Die Körner mit einem scharfen Messer vom Kolben schneiden (siehe Seite 119). Sie müssen dabei nicht intakt bleiben, sondern sollen sogar etwas angeschnitten werden. Mais und Garnelen in eine Schüssel geben.

3. Knoblauch schälen, Korianderwurzeln waschen, beides grob zerkleinern und in den Mörser geben. Salz, Zucker und Pfeffer dazugeben und alles zu einer feinen Paste zerreiben. Die Würzpaste mit der Sojasauce zu Garnelen und Mais geben und alles gut verkneten.

4. Die Chinakohlblätter, die Hälften etwas überlappend auslegen (Step 1), jeweils etwa 1 EL Füllung darauf setzen (Step 2) und wie unten gezeigt einpacken (Step 3). Die Eier in eine Schüssel aufschlagen und verquirlen.

5. Das Öl im Wok oder in einem breiten Topf erhitzen. Es ist heiß genug, wenn am Stiel eines hineingehaltenen Holzkochlöffels kleine Bläschen aufsteigen. Jedes Chinakohlpäckchen im verschlagenen Ei wenden und etwa 5 Min. im heißen Öl frittieren, bis es goldbraun und knusprig ist. Auf Küchenpapier abtropfen lassen.

GARNIEREN: Die Päckchen auf den Hüllblättern der Maiskolben anrichten. 3 »Garnelenvögel« daneben setzen: Dafür 3 rohe ungeschälte Riesengarnelen blanchieren, sodass sie rot werden. Chinakohlblättchen an den Seiten als Flügel feststecken, die Schwanzflossen etwas auseinander biegen.

GETRÄNK: Wasser, Bier

VARIANTE: Für die Füllung können Sie auch Kalbfleisch oder Fischfilet verwenden.

TIPP!

Die Rippen der Chinakohlblätter können für das Gebratene Gemüse auf Seite 110 verwendet werden.

FÜR GEÜBTE
MILD
FÜR FESTE

ZUBEREITUNG: 50 Min.
PRO PORTION CA.: 415 kcal

FÜR 4 PERSONEN:

- 16 zarte Chinakohlblätter
- 300 g rohe ungeschälte Riesengarnelen ohne Kopf
- 2 frische Maiskolben
- 2 Knoblauchzehen
- 2 Korianderwurzeln
- 1/2 TL Salz
- 1/4 TL Zucker
- 1/4 TL weißer Pfeffer
- 4 EL helle Sojasauce
- 2 Eier
- Holzzahnstocher (nach Bedarf)
- Öl zum Frittieren

1. Die beiden Blatthälften so überlappend hinlegen, dass die Lücke die durch das Herausschneiden der Rippe entstanden ist, geschlossen ist.

2. Füllung darauf geben. Eine Querseite über die Füllung schlagen, die Blattlängsseiten nach innen einschlagen.

3. Die Blätter aufwickeln, das überstehende Ende nach innen einschlagen und in die entstandene Tasche stecken.

Das Gemüsepüree mit Sesam stammt aus Isan, dem nordöstlichen Teil Thailands, der an Laos grenzt. Es wird dort traditionell mit Klebreis – und mit der Hand gegessen. Probieren Sie das einmal, es ist gar nicht so einfach!

FÜR ANFÄNGER
WÜRZIG
AUS ISAN

ZUBEREITUNG: 30 Min.
PRO PORTION CA.: 70 kcal

FÜR 4 PERSONEN:

- 6 Thai-Auberginen (etwa 200 g; S. 161)
- 200 g kleine Zucchini
- 200 g breite grüne Bohnen
- 3 Frühlingszwiebeln
- 2 Stängel Minze
- 2 EL Limettensaft
- 2 EL Fischsauce
- 2 EL helle Sojasauce
- $^1/_3$ TL Salz
- $^1/_2$ TL Chilipulver
- 2 TL Sesam

Gemüsepüree mit Sesam

YAMRUAMMIT

1. Auberginen und Zucchini waschen und die Stielansätze entfernen. Die Bohnen waschen und putzen, eventuelle Fäden entfernen. Das Gemüse unzerkleinert mit $^1/_4$ l Wasser in einen Topf geben und zugedeckt bei mittlerer Hitze etwa 10 Min. garen, bis es weich ist. Durch ein Sieb abgießen und etwas abkühlen lassen.

2. Die Frühlingszwiebeln waschen, putzen und schräg in feine Scheiben schneiden. Die Minze waschen und trockenschütteln, die Blättchen abzupfen.

3. Das gegarte Gemüse klein schneiden und im Mörser zerstampfen. Mit Limettensaft, Fischsauce, Sojasauce, Salz und Chilipulver würzig abschmecken. Die Frühlingszwiebeln und Minzblättchen unter das Gemüsepüree heben und dieses in eine Schüssel füllen.

4. Den Sesam etwa 2 Min. in einer Pfanne bei schwacher Hitze rösten, bis er duftet. Die Samen im Mörser grob zermahlen und über das Gemüsepüree streuen.

GARNIEREN: Das Gemüsepüree in eine ovale Schale füllen. In der Mitte längs 5 dünne Zucchinischeiben überlappend auflegen und mit kleinen Minzesträußchen garnieren.

GETRÄNK: Wasser, Bier

VARIANTE: Ist natürlich nicht thailändisch, aber das Gemüsepüree schmeckt auch auf geröstetem Fladenbrot.

FÜR ANFÄNGER
MILD
ALLTAGSGERICHT

ZUBEREITUNG: 30 Min.
MARINIEREN: 3 Tage
PRO PORTION CA.: 55 kcal

FÜR 4 PERSONEN:

- 1 kleiner Kopf Weißkohl (etwa 500 g)
- 500 g Frühlingszwiebeln
- 2 $^1/_2$ TL Salz

Zum Nachwürzen:

- 2 EL Fischsauce
- $^1/_2$ TL Chilipulver

Thai-Sauerkraut mit Frühlingszwiebeln

PAGDONG

1. Den Weißkohl von äußeren trockenen Blättern befreien. Den Kohlkopf achteln und in Streifen hobeln (oder mit einem Messer in $^1/_2$ cm breite Streifen schneiden). Frühlingszwiebeln waschen, putzen und in 3 cm lange Stücke schneiden. Beides in eine Schüssel geben und mit dem Salz vermischen.

2. 1 l Wasser zum Kochen bringen und über das Gemüse gießen. Nach etwa 3 Sek. das Gemüse umrühren. Sobald das Wasser nicht mehr zu heiß ist, das Gemüse mit den Händen 2–3 Min. durchkneten, bis es weich und geschmeidig wird. Die Schüssel zudecken und das Kohlgemüse bei Zimmertemperatur etwa 3 Tage durchziehen lassen. Dabei beginnt der erwünschte Gärungsprozess, der den Kohl in Sauerkraut verwandelt.

3. Zum Servieren das Sauerkraut auf einer Platte anrichten. Die Fischsauce mit dem Chilipulver verrühren und in einem Schälchen dazureichen, damit jeder nach Geschmack nachwürzen kann.

GARNIEREN: Den grünen Teil einer Frühlingszwiebel fein schneiden und darüber streuen oder 5 kleine frische rote Chilischoten auflegen.

GETRÄNK: Wasser, Bier

FÜR ANFÄNGER
WÜRZIG
ALLTAGSGERICHT

ZUBEREITUNG: 30 Min.
PRO PORTION CA.: 195 kcal

FÜR 4 PERSONEN:

- 500 g Schweinehackfleisch
- 10 EL Limettensaft
- 2 Thai-Schalotten
- 5 Stängel frische Minze
- 2 Stängel Koriander
- 2 Thai-Frühlingszwiebeln (S. 161)
- 3 EL gemahlener gerösteter Reis (siehe Tipp)
- 1–2 TL geröstetes Chilipulver (S. 160)
- 3 EL Fischsauce
- 1 TL Salz

Hackfleischsalat

LABMUH

1. Das Hackfleisch mit dem Limettensaft mischen, 10 Min. ziehen lassen. Schalotten schälen, längs halbieren und in feine Spalten schneiden. Minze und Koriander waschen, die Blätter grob schneiden. Frühlingszwiebeln waschen, putzen und mit dem Grün schräg in Scheiben schneiden.

2. Eine Pfanne bereit stellen. Darüber das Hackfleisch mit den Händen kräftig auspressen, den »Saft« in der Pfanne auffangen und erhitzen. Das Hackfleisch hinzufügen und unter ständigem Rühren in etwa 5 Min. garen. Lauwarm abkühlen lassen.

3. Das Hackfleisch mit dem gerösteten Reis und den vorbereiteten Zutaten mischen, mit Chilipulver, Fischsauce und Salz würzig abschmecken.

GARNIEREN: Den Rand einer Platte mit Pfefferminzblättern belegen, den Salat darauf anrichten.

GETRÄNK: Wasser

VARIANTEN: Schmeckt auch mit Lamm- oder Rinderhackfleisch sehr gut.

TIPP!

Den gemahlenen gerösteten Reis, der für viele thailändische Salate verwendet wird, gibt es fertig zu kaufen, Sie können ihn aber auch ganz leicht für den Vorrat selbst herstellen: Rohen Duftreis bei mittlerer Hitze in der Pfanne in etwa 5 Min. hellbraun rösten. Abgekühlt im Mörser fein zerstoßen oder in einer Mühle mahlen und in ein Schraubglas füllen.

FÜR ANFÄNGER
FRUCHTIG-SCHARF
GUT VORZUBEREITEN

ZUBEREITUNG: 25 Min.
PRO PORTION CA.: 140 kcal

FÜR 4 PERSONEN:

- 1 grüne Papaya (etwa 500 g)
- 150 g Kirschtomaten
- 50 g geröstete gesalzene Erdnüsse
- 1–6 kleine rote Chilischoten (siehe Tipp)
- 1 Knoblauchzehe
- 2 EL Fischsauce
- 2 EL Limettensaft
- 2 TL Palmzucker

Grüner Papayasalat

SOMTAM

1. Papaya schälen, dann waschen, um den bitteren Saft zu entfernen. Die Frucht halbieren und die Kerne entfernen. Das Fruchtfleisch mit dem Juliennehobel in feine Stifte hobeln oder grob raspeln. Tomaten waschen und in Scheiben schneiden.

2. Von den Erdnüssen 1 EL für die Dekoration beiseite legen, den Rest im Mörser grob zerreiben. Chilischote(n) waschen, putzen und klein schneiden. Knoblauch schälen und hacken. Chilis und Knoblauch sowie Fischsauce, Limettensaft, Zucker und ein Drittel der Tomatenscheiben zu den Erdnüssen in den Mörser geben und alles zu einer feinen Paste zerstampfen.

3. Restliche Tomaten und Papayaraspel mischen. Die Erdnuss-Chili-Paste unterrühren und mit dem Stößel des Mörsers kurz stampfen, damit sich alle Aromen gut verbinden. In eine Schüssel füllen und mit den zurückgelegten Erdnüssen bestreuen.

GARNIEREN: Für kalte Buffets kleine Portionen in Bananenblattkörbchen oder -schiffchen (Anleitung Seite 16) füllen.

GETRÄNK: Bier

VARIANTEN: Statt der grünen Papaya können Sie Salatgurken, Karotten oder jungen Kohlrabi verwenden.

TIPP!

Thailänder lieben den Grünen Papayasalat so richtig scharf (6 Chilis). Wenn Ihr Gaumen nicht an solche Schärfe gewöhnt ist, beginnen Sie lieber mit 1–2 Chilischoten.

FÜR ANFÄNGER
SÄUERLICH-FRISCH
FÜRS BUFFET

ZUBEREITUNG: 30 Min.
PRO PORTION CA.: 165 kcal

FÜR 4 PERSONEN:

500 g Hähnchenbrustfilet
8 EL Limettensaft
3 Zitronenblätter
2 Frühlingszwiebeln
2 Stängel Koriander
1 Stängel Laos-Basilikum (ersatzweise Minzeblätter)
3 EL Fischsauce
1 TL Salz
1 TL Chilipulver

Hähnchensalat

LABGAI

1. Das Hähnchenfleisch kalt abwaschen und mit Küchenpapier trockentupfen. Das Fleisch fein hacken, in einer Schüssel mit dem Limettensaft mischen und etwa 10 Min. marinieren.

2. Die Zitronenblätter waschen und in sehr feine Streifen schneiden. Frühlingszwiebeln waschen, putzen und in feine Ringe schneiden. Koriander und Lao-Basilikum waschen und trockenschütteln, die Blättchen abzupfen und grob hacken.

3. Eine beschichtete Pfanne erhitzen. Das marinierte Hähnchenfleisch darin ohne Fett in etwa 5 Min. bei mittlerer Hitze unter ständigem Rühren garen, bis es weiß und fest ist. Lauwarm abkühlen lassen.

4. Das Hähnchenfleisch mit Fischsauce, Salz und Chilipulver würzen. Die Zitronenblätter, die Frühlingszwiebeln und die gehackten Kräuter untermischen.

GARNIEREN: Den Rand der Platte mit dünnen Gurkenscheiben belegen, den Salat darauf anrichten und an einer Seite ein Büschelchen Koriander platzieren.

GETRÄNK: Wasser, Bier

FÜR ANFÄNGER
MILD
VEGETARISCH

ZUBEREITUNG: 20 Min.
PRO PORTION CA.: 55 kcal

FÜR 4 PERSONEN:

400 g Champignons
2 Thai-Schalotten
2 Stängel Minze
2 EL Limettensaft
2 EL Fischsauce
2 EL helle Sojasauce
$^1/_3$ TL Zucker
$^1/_3$ TL Chilipulver
1 Prise Salz nach Belieben
1–2 EL gemahlener gerösteter Reis (siehe Tipp S. 52, Hackfleischsalat)

Champignonsalat

YAMHEDCHAMPION

1. Champignons mit Küchenpapier abreiben, putzen und in Scheiben schneiden. Eine große Pfanne erhitzen, 2 EL Wasser und die Champignons hineingeben und die Pilze zugedeckt etwa 5 Min. garen.

2. Inzwischen die Schalotten schälen, längs halbieren und in feine Spalten schneiden. Die Minze waschen und trockenschütteln, die Blätter abzupfen. Ein paar Blätter für die Dekoration beiseite legen, den Rest in feine Streifen schneiden.

3. Limettensaft, Fischsauce und Sojasauce mit dem Zucker und dem Chilipulver verrühren und unter die Pilze mischen. Mit Salz abschmecken.

4. Schalotten, die in Streifen geschnittenen Minzblätter und den gemahlenen Reis unterheben. Den Salat in eine Schüssel füllen und mit den restlichen Minzblättern garnieren.

GARNIEREN: Einige sehr kleine Champignons im Ganzen kurz mitgaren, herausnehmen. Minzeblätter auf das Gericht legen und jeweils einen Pilz darauf geben (von größeren Pilzen können Sie auch Scheiben nehmen).

GETRÄNK: Bier

VARIANTE: Statt Champignons für den Pilzsalat Egerlinge oder in Streifen geschnittene Austernpilze verwenden.

Dieser Händler bietet frische Sojasprossen an.

FÜR ANFÄNGER
WÜRZIG
AUS BANGKOK

Meeresfrüchtesalat

YAMTALEY

ZUBEREITUNG: 25 Min.
PRO PORTION CA.: 145 kcal

FÜR 4 PERSONEN:

1 Zwiebel
1 Stange Thai-Sellerie
2 Thai-Frühlingszwiebeln (S. 161)
500 g gemischte Meeresfrüchte (frisch oder TK)
4 schöne Kopfsalatblätter

Für die Salatsauce:

3 kleine rote Chilischoten
3 Knoblauchzehen
1 TL Salz | 1 TL Palmzucker
5 EL Limettensaft
3 EL helle Sojasauce
2 EL Fischsauce

1. Die Zwiebel schälen und fein hacken. Selleriestange und Frühlingszwiebeln waschen, putzen und jeweils in 2 cm große Stücke schneiden.

2. Für die Salatsauce die Chilischoten waschen, putzen und klein schneiden. Knoblauch schälen und ebenfalls etwas zerkleinern. Chilis, Knoblauch, Salz und Zucker in den Mörser geben und fein stampfen. Limettensaft, Sojasauce und Fischsauce unterrühren.

3. In einem Topf 1 l Wasser zum Kochen bringen. Die Meeresfrüchte portionsweise in ein Handsieb geben, kurz ins kochende Wasser tauchen, herausnehmen, kurz durchschwenken und noch zwei bis drei Mal auf diese Weise blanchieren. Meeresfrüchte gut abtropfen lassen und in eine Schüssel geben.

4. Die Meeresfrüchte noch warm mit der Sauce, Sellerie und Frühlingszwiebeln vermischen und abkühlen lassen.

5. Kopfsalatblätter waschen und trockentupfen. Jede Meeresfrüchtesalat-Portion in einem Blatt anrichten.

GARNIEREN: Limetten- oder Zitronenscheiben mit Chiliringen belegen und den Salat damit dekorieren.

GETRÄNK: Wasser, Weißwein

VARIANTE: Sie können auch Muscheln oder Fischfilet auf diese Weise zubereiten.

FÜR GEÜBTE
MILD
FÜRS BUFFET

Fleischsalat mit Gurken

PLAHNÜA

ZUBEREITUNG: 25 Min.
PRO PORTION CA.: 170 kcal

FÜR 4 PERSONEN:

300 g Schweinehalsgrat ohne Knochen, in Scheiben von je etwa 1,5 cm Dicke
1 Salatgurke
3 eingelegte Knoblauchzehen (Glas)
2 Frühlingszwiebeln
2 Stängel Thai-Minze
2 EL gemahlener gerösteter Reis (siehe Tipp S. 52, Hackfleischsalat)
3 EL Limettensaft
2 EL Fischsauce
1/2 TL Salz
1 Prise Zucker

1. Das Fleisch in einer beschichteten Pfanne ohne Fett bei mittlerer Hitze von beiden Seiten 4–5 Min. braten. Etwas abkühlen lassen.

2. Inzwischen die Gurke schälen, längs halbieren und die Samen mit dem geleeartigen Fruchtfleisch herauskratzen. Gurke in dünne Scheiben schneiden. Den Knoblauch abtropfen lassen und ebenfalls in Scheiben schneiden. Frühlingszwiebeln waschen, putzen und schräg 1 cm lange Stücke schneiden. Die Minze waschen und trockenschütteln, die Blättchen abzupfen.

3. Das Fleisch längs halbieren oder dritteln und quer in feine Streifen schneiden. Die Fleischstreifen mit geröstetem Reis, Gurkenscheiben, Knoblauch und Frühlingszwiebeln in einer Schüssel mischen.

4. Den Fleischsalat mit Limettensaft und Fischsauce würzen, mit Salz und Zucker abschmecken. Minzeblättchen unterheben.

GARNIEREN: Den Rand einer Servierplatte abwechselnd mit Thai-Minze, halben entkernten Gurkenscheiben und Minzeblättchen belegen, den Salat darauf anrichten.

GETRÄNK: Bier, kräftiger Rotwein

VARIANTE: Sie können auch Rindfleisch verwenden.

FÜR GEÜBTE
MILD BIS SCHARF
FÜR FESTE

ZUBEREITUNG: 45 Min.
BEI 6 PERSONEN PRO PORTION CA.: 150 kcal

FÜR 4–6 PERSONEN:

- 500 g Rinderlende, in 1,5 cm dicke Steaks geschnitten
- 1 Zwiebel
- 2 Frühlingszwiebeln
- 1 Bund Koriandergrün
- 3 Zitronenblätter
- 15 Blätter Thai-Basilikum *(bai horapha)*
- 3 EL gemahlener gerösteter Reis (siehe Tipp S. 52, Hackfleischsalat)
- 5 EL Limettensaft
- 3 EL Fischsauce
- 1 TL Salz
- 1–2 TL Chilipulver

Rindfleischsalat

NAMDOCK

1. Eine beschichtete Pfanne ohne Zugabe von Fett erhitzen. Die Lendensteaks darin von jeder Seite bei starker Hitze etwa 3 Min. braten. Die Pfanne von der Kochstelle nehmen und das Fleisch 10 Min. zugedeckt ruhen lassen.

2. Inzwischen die Zwiebel schälen, längs halbieren und in feine Spalten schneiden. Frühlingszwiebeln waschen, putzen und klein schneiden. Koriander waschen und trockenschütteln, die Blättchen abzupfen und grob hacken. Zitronenblätter waschen und in sehr feine Streifen schneiden. Basilikum waschen und trockenschütteln, die Blättchen abzupfen.

3. Das Fleisch längs halbieren oder dritteln und quer in feine Streifen schneiden. Die beschichtete Pfanne wieder erhitzen und die Fleischstreifen darin bei starker Hitze unter ständigem Wenden noch einmal 2 Min. braten. Gerösteten Reis, Zitronenblätter und das Basilikum unterrühren. Das Ganze in eine Schüssel füllen.

4. Den Rindfleischsalat mit Limettensaft, Fischsauce und dem Salz würzen. Zwiebeln, Frühlingszwiebeln und Koriander unterheben. Den Salat mit Chilipulver scharf abschmecken.

GARNIEREN: Den Salat auf eine Platte geben, an einer Seite 3 Zitronenscheiben platzieren und diese mit Minzesträußchen oder Chiliblüten (siehe Garniertipp Seite 123) dekorieren.

GETRÄNK: Bier

VARIANTE: Schmeckt auch mit Lammrückenfilet oder Schweinehalsgrat.

FÜR GEÜBTE
SCHARF
FÜR GÄSTE

ZUBEREITUNG: 45 Min.
BEI 6 PERSONEN PRO PORTION CA.: 250 kcal

FÜR 4–6 PERSONEN:

- 2 Entenbrüste (je 250–300 g)
- 1 Stängel Zitronengras
- 1 cm frischer Galgant
- 15 Blätter Thai-Basilikum *(bai horapha)*
- 2 Thai-Frühlingszwiebeln (S. 161)
- 3 rote Thai-Schalotten
- 3 EL gemahlener gerösteter Reis (siehe Tipp S. 52, Hackfleischsalat)
- 1–2 EL Chilipulver
- 3 EL Fischsauce
- 5 EL Limettensaft
- 1 TL Salz
- 1 Prise Zucker

Entenbrustsalat

PETNAMTOK

1. Den Backofengrill auf 220° vorheizen. Die Entenbrüste kalt abwaschen, mit Küchenpapier trockentupfen und mit der Hautseite nach oben in einen Bräter legen. Das Fleisch im Ofen (Mitte) etwa 15 Min. grillen, 10 Min. ruhen lassen (Tipp).

2. Inzwischen vom Zitronengras die äußeren harten Blätter entfernen, das untere weiche Drittel sehr fein hacken. Galgant waschen und ebenfalls sehr fein hacken. Das Basilikum waschen, die Blätter abzupfen. Frühlingszwiebeln waschen, putzen und fein schneiden. Schalotten schälen, längs halbieren und in Spalten schneiden.

3. Die Entenbrüste längs halbieren und in dünne Scheiben schneiden. Eine Pfanne erhitzen, das Entenfleisch darin ohne Fett etwa 2 Min. rösten. Zitronengras, Galgant, gemahlenen Reis und 4 EL Wasser unterrühren und die Pfanne von der Kochstelle nehmen.

4. Das Entenfleisch mit den übrigen Zutaten mischen und mit Chilipulver, Fischsauce, Limettensaft, Salz und Zucker würzig abschmecken.

GARNIEREN: Einige Basilikumblätter auf den Salat streuen und mit dünnen Zitronengrasscheiben belegen.

GETRÄNK: Bier, Rotwein

TIPP!

Wickeln Sie die gegrillten Entenbrüste zum Ruhen am besten in Alufolie. So bleibt das Fleisch schön saftig.

Die saftig und pikant gefüllten Flügelchen schmecken wirklich köstlich – das entschädigt für die Mühe beim Ausbeinen!

Gefüllte Hähnchenflügel

PIEGGAIYADSAI

1. Hähnchenflügel kalt abwaschen und mit Küchenpapier trockentupfen. Die Flügel wie unten gezeigt ausbeinen und die leeren Säckchen umstülpen (Step 1–3). Das Fleisch innen und außen mit der Sojasauce würzen und zugedeckt marinieren, bis die Füllung zubereitet ist.

2. Glasnudeln 30 Min. in kaltem Wasser einweichen. Die Möhre schälen und grob raspeln. Den Weißkohl fein hobeln. Sojasprossen abbrausen und gut abtropfen lassen. Alles in eine Schüssel geben.

3. Die Knoblauchzehen schälen und fein hacken. Das Öl in einer Pfanne erhitzen und den Knoblauch darin goldgelb anbraten. Das Hackfleisch hinzufügen und in 3–5 Min. krümelig braten, salzen und pfeffern und etwas abkühlen lassen.

4. Die Glasnudeln abgießen, mit einer Küchenschere in etwa 4 cm lange Stücke schneiden und zum Gemüse geben. Mit Salz, Zucker und Pfeffer abschmecken. Das abgekühlte Hackfleisch dazugeben und alles sehr gut vermischen.

5. Die Hähnchenflügel jeweils prall mit der Hackfleisch-Gemüse-Mischung füllen. Das Öl im Wok oder in einem breiten Topf erhitzen.

6. Das Tapiokamehl auf einen Teller geben. Die Eier in einem zweiten tiefen Teller verschlagen. Die gefüllten Hähnchenflügel zuerst im Mehl, dann im Ei wenden und ins heiße Öl geben (das Öl ist heiß genug, wenn am Stiel eines hineingehaltenen Holzkochlöffels kleine Bläschen aufsteigen). Die Hähnchenflügel in etwa 5 Min. goldbraun frittieren und auf Küchenpapier abtropfen lassen.

GARNIEREN: mit Blättern oder Blüten exotischer (ungiftiger!) Pflanzen

GETRÄNK: Bier

FÜR KÜCHENPROFIS
KNUSPRIG
KLASSIKER

ZUBEREITUNG: 1 Std. 30 Min.
PRO STÜCK CA.: 215 kcal

FÜR 20 STÜCK:

20 Hähnchenflügel
3 EL helle Sojasauce

Für die Füllung:

50 g Glasnudeln
1 Möhre (100 g)
150 g Weißkohl
100 g Sojasprossen
2 Knoblauchzehen
2 EL Öl
100 g Hackfleisch (Rind, Schwein oder gemischt)
1 TL Salz
weißer Pfeffer
1 TL Zucker

Außerdem:

Öl zum Frittieren
3 EL Tapiokamehl
2 Eier

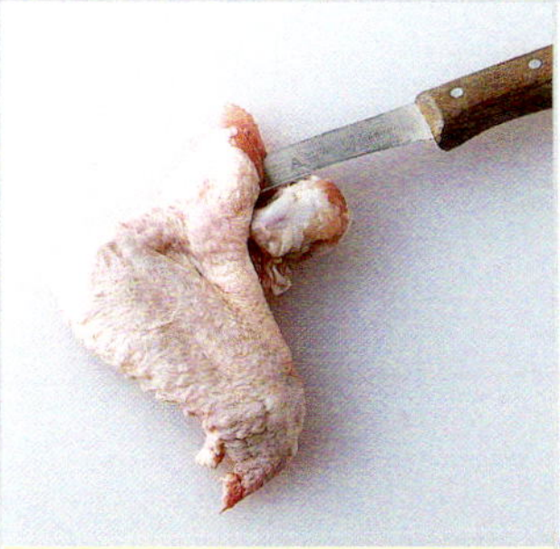

1. Zum Ausbeinen der Hähnchenflügel ein kleines spitzes Messer mit biegsamer Klinge verwenden und immer dicht am Knochen bleiben, um die Haut nicht zu verletzen.

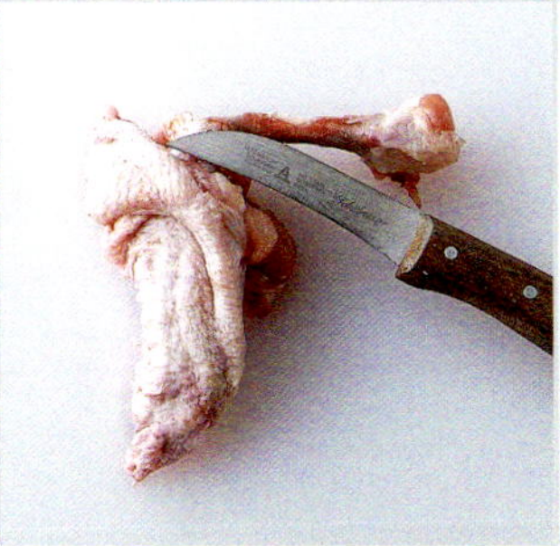

2. Etwa 2 cm am Knochen entlang schneiden. Den Flügel um 90° drehen, den nächsten Schnitt vollziehen. Auf diese Weise den dickeren Knochen des ersten Abschnittes freilegen.

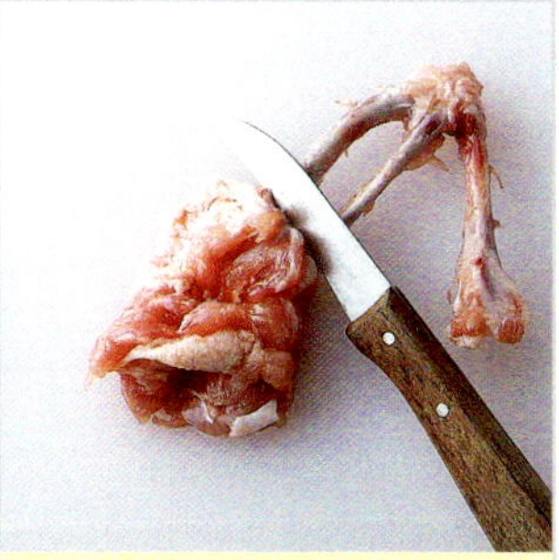

3. An den beiden dünnen Knochen des nächsten Abschnittes unter sukzessiven 90°-Drehungen entlang schneiden. Knochen am Gelenk durchtrennen. Die Flügelspitze bleibt ganz.

Fisch und Meeresfrüchte

Feines aus Flüssen, Seen und dem Meer

Was wäre die Thai-Küche ohne Reis und Currypaste? Reis ist Hauptbestandteil jedes thailändischen Hauptgerichts. Die rote Currypaste ist universell einsetzbar und passt zu Fisch, Geflügel und Fleisch ebenso wie zu Gemüsecurrys.

Thailändischer Duftreis

KHAOHOMMALI

FÜR ANFÄNGER
MILD-NEUTRAL
GRUNDREZEPT

ZUBEREITUNG: 20 Min.
PRO PORTION CA.: 260 kcal

FÜR 4 PERSONEN:

300 g Duftreis

1. Den Reis abmessen, in ein Sieb geben und gründlich mit kaltem Wasser abspülen, um Reste von Reismehl (vom Polieren der Körner) zu entfernen.

2. Den Reis mit 450 ml Wasser in einen Topf geben und zum Kochen bringen. Sobald das Wasser kocht, den Topf zudecken und den Reis bei schwacher Hitze etwa 15 Min. köcheln lassen.

3. Den Topf von der Kochstelle nehmen und den Reis zugedeckt lassen, bis alle anderen Gerichte fertig sind. In eine angewärmte Schüssel geben und als Hauptbestandteil des Essens servieren.

TIPP!

Wer regelmäßig thailändisch kocht, für den lohnt sich eventuell die Anschaffung eines elektrischen Reiskochers. Der Vorteil: Bei der Zubereitung eines umfangreichen Menüs ist keine Herdplatte durch den Reis blockiert, und im Reiskocher bleibt der Reis wunderbar warm und körnig.

Rote Currypaste

PRIGGAENGPHET

FÜR GEÜBTE
SCHARF
GRUNDREZEPT

EINWEICHEN: 30 Min.
ZUBEREITUNG: 15 Min.
INSGESAMT CA.: 80 kcal

ALS BEIGABE FÜR 1 GERICHT:

3 getrocknete rote Peperoni (etwa 10 cm lang)
3 Knoblauchzehen
3 Thai-Schalotten
1 Stück frischer Galgant (1 cm)
1 Stängel Zitronengras
Schale von 1/8 Kaffirlimette
2 Kardamomkapseln
6 weiße Pfefferkörner
2 Gewürznelken
1/4 TL Kreuzkümmelsamen
1/4 TL Salz

1. Die Peperoni 30 Min. in kaltem Wasser einweichen, abgießen und fein hacken.

2. Knoblauch und Schalotten schälen und hacken. Galgant waschen und klein schneiden. Das Zitronengras von äußeren harten Blättern befreien, den unteren weichen Teil klein hacken (die übrigen Stücke nach Rezept eventuell im Gericht mitgaren).

3. Knoblauch, Schalotten, Galgant, Zitronengras und Limettenschale im Mörser fein stampfen (je nach Größe des Mörsers eventuell portionsweise arbeiten).

4. Die Kardamomkapseln aufbrechen und die Samen herauslösen. Mit den übrigen Gewürzen, Salz und der gehackten Peperoni unter die gestampften Zutaten mischen und alles zu einer feinen Paste zerreiben.

TIPP!

Die im Handel erhältlichen fertigen Currypasten sind im Kühlschrank über Monate haltbar und sind, wenn es schnell und unkompliziert gehen soll, ein guter Ersatz.

Fisch im Bananenblattkörbchen

NGOBPLAH

FÜR GEÜBTE
MILD-WÜRZIG
AUS BANGKOK

ZUBEREITUNG: 1 Std. 30 Min. (mit fertiger Currypaste)

BEI 6 PERSONEN PRO PORTION CA.: 225 kcal

FÜR 4–6 PERSONEN:

- etwa 2 m Bananenblätter
- 100 g Chinakohl
- 1 Bund Frühlingszwiebeln
- 4 Knoblauchzehen
- 400 g Fischfilet (z. B. Seelachs)
- 1 Dose Kokosmilch (400 g), nicht geschüttelt
- 1–2 TL rote Currypaste (Rezept S. 64 oder fertig gekauft)
- 2 EL Reismehl
- Salz | weißer Pfeffer
- 1 Prise Zucker
- 1 rote Paprikaschote
- 2 Stängel Thai-Basilikum *(bai horapha)*
- 2 Stängel Koriander

1. 6 Bananenblattschälchen nach der Anleitung auf Seite 16 basteln.

2. Chinakohl waschen und abtropfen lassen, die weißen Mittelrippen entfernen und die Blätter in feine Streifen schneiden. Frühlingszwiebeln waschen, putzen und in 2 cm große Stücke schneiden. Beides in einer Schüssel miteinander mischen. Den Knoblauch schälen und fein hacken.

3. Den Fisch vorbereiten wie unten gezeigt und beschrieben (Step 1–3).

4. 3 EL vom dickflüssigen oberen Teil der Kokosmilch in einer Pfanne aufkochen und 2 Min. kochen lassen. Die Currypaste einrühren und 2–3 Min. darin anbraten, bis sich nabelförmige Löchlein bilden (vgl. Küchengeheimnis Seite 17). Die Pfanne von der Kochstelle nehmen.

5. Das Reismehl mit 1 EL Kokosmilch anrühren und mit der restlichen Kokosmilch und dem Knoblauch unterrühren. Die Sauce mit Salz, Pfeffer und Zucker abschmecken. Ein Drittel der Currysauce mit dem geschnittenen Fisch, ein weiteres Drittel mit dem Gemüse vermischen.

6. Paprikaschote vierteln, putzen, waschen und quer in sehr feine Streifen schneiden. Basilikum- und Korianderstängel waschen, trockenschütteln, die Blätter abzupfen.

7. In jedes Bananenblattkörbchen unten 3 Basilikumblätter legen. Zuerst das Gemüse, dann den Fisch auf die Körbchen verteilen. Mit der restlichen Sauce abdecken und jeweils mit einigen Paprikastreifen und 1 Korianderblatt garnieren.

8. Im Wok 5 cm hoch Wasser zum Kochen bringen, das Gitter einsetzen. Die gefüllten Bananenblattkörbchen nebeneinander auf das Gitter setzen und zugedeckt etwa 20 Min. dämpfen.

GARNIEREN: Den Verschnitt, der beim Ausschneiden der Bananenblätter entsteht, in feine Streifen schneiden und eine Platte damit belegen. Die fertigen Körbchen darauf anrichten und eventuell mit Blüten dekorieren.

GETRÄNK: fruchtiger Weißwein

VARIANTE: Das Gericht schmeckt auch mit Lachs sehr fein.

1. Fischfilet waschen, mit Küchenpapier trockentupfen und quer in knapp 2 cm breite Streifen schneiden.

2. Jeden Streifen so längs durchschneiden, dass er in der Mitte noch ein Stück weit zusammenhängt.

3. Auf diese Weise entstehen – auseinandergeklappt – viele schmetterlingsförmige Fischstücke.

FÜR ANFÄNGER
SCHARF
AUS BANGKOK

ZUBEREITUNG: 30 Min.
BEI 4 PERSONEN
PRO PORTION CA.: 210 kcal

FÜR 2–4 PERSONEN:

1 küchenfertige Brasse (Goldbrasse, Meerbrasse; etwa 500 g)
1/2 TL Salz
1/4 TL weißer Pfeffer
2 Stängel Koriander mit Wurzeln
1 Zwiebel
3 kleine rote Chilischoten
2 Knoblauchzehen
1/2 TL Palmzucker
3 EL Reismehl
4 EL Öl
3 EL helle Sojasauce
1 EL Fischsauce

Gebratene Brasse mit Chilisauce

PLARADPRIG

1. Die Brasse waschen, mit Küchenpapier trockentupfen. Auf beiden Seiten das Fleisch drei Mal – nicht zu tief – schräg einschneiden. Den Fisch mit Salz und Pfeffer würzen, 10 Min. ziehen lassen.

2. Koriander waschen, Wurzeln und 2 cm von den Stielen hacken, den Rest beiseite legen. Zwiebel schälen und würfeln. Chilis waschen, putzen und klein schneiden. Den Knoblauch schälen und hacken. Alles mit dem Zucker im Mörser fein zerstampfen.

3. Eine große Pfanne erhitzen. Die Brasse im Reismehl wenden. 3 EL Öl in die heiße Pfanne geben und den Fisch darin bei mittlerer Hitze in jeweils etwa 5 Min. auf beiden Seiten goldbraun braten.

4. Den Fisch auf eine Platte heben und warm halten. Das restliche Öl in der Pfanne erhitzen. Die Würzpaste aus dem Mörser hineingeben und 2 Min. unter Rühren anbraten. Sojasauce und die Fischsauce unterrühren.

5. Die Chilisauce über den Fisch gießen. Die Blättchen vom beiseite gelegten Koriander abzupfen und vor dem Servieren darüber streuen.

GARNIEREN: Eine Chilischote an der Spitze mehrfach längs einschneiden, in kaltes Wasser legen, bis sie sich zu einer »Blüte« öffnet. Den Fisch damit dekorieren.

GETRÄNK: Wasser, Weißwein

FÜR GEÜBTE
MILD-WÜRZIG
GÜR GÄSTE

ZUBEREITUNG: 1 Std.
PRO PORTION CA.: 155 kcal

FÜR 4 PERSONEN:

24 Blätter Thai-Basilikum *(bai horapha)*
80 cm Bananenblatt

Für die Würzpaste:

3 Thai-Schalotten
3 Knoblauchzehen
1 Stängel Zitronengras
2 getrocknete Chilischoten
1/2 TL Salz | 1 Prise Zucker

Für die Füllung:

500 g rohe Riesengarnelen ohne Kopf (etwa 16 Stück)
150 g Kokosmilchpulver
1 Bund Frühlingszwiebeln
1 Ei | 1 EL Reismehl
1 EL helle Sojasauce
1 EL Fischsauce

Garnelenpäckchen

HOMOGGUNG

1. Für die Würzpaste die Schalotten und den Knoblauch schälen, etwas zerkleinern. Zitronengras von äußeren harten Blättern befreien und das untere weiche Drittel hacken. Mit den Chilischoten, dem Salz und dem Zucker im Mörser zu einer feinen Paste zerreiben.

2. Garnelen schälen, jeweils längs am Rücken einschneiden und den schwarzen Darmfaden entfernen. Garnelen fein hacken, mit dem Kokosmilchpulver vermischen, bis eine klebrige Masse entsteht.

3. Frühlingszwiebeln waschen, putzen und fein hacken. Mit der vorbereiteten Würzpaste, Ei, Reismehl, Sojasauce und Fischsauce unter die Garnelenmasse kneten.

4. Das Basilikum waschen und trockenschütteln, die Blätter abzupfen. Das Bananenblatt anwärmen, damit es biegsam wird, und nach der Anleitung für »Bananenpäckchen« auf Seite 16 in 4 Stücke und 4 Streifen schneiden.

5. Jeweils 6 Basilikumblätter in die Mitte der Blattstücke legen und ein Viertel der Garnelenmasse darauf geben. Die restlichen Basilikumblätter in Streifen schneiden und darauf verteilen. Die Päckchen falten, jedes mit einem Bananenblattstreifen umwickeln und verschließen.

6. Im Wok 5 cm hoch Wasser zum Kochen bringen, dann das Gitter einsetzen. Die Garnelenpäckchen auf das Gitter legen und zugedeckt etwa 15 Min. dämpfen.

GETRÄNK: Wasser, Weißwein

VARIANTE: Sie können die Füllung auch mit festfleischigem Fischfilet, z. B. vom Seeteufel, zubereiten.

Gedämpfter Fisch ist in Thailand sehr beliebt und mit Daras Chilisauce mit Ingwer und frischen Tomatenwürfeln schmeckt er besonders köstlich.

FÜR GEÜBTE
SEHR SCHARF
KLASSIKER

ZUBEREITUNG: 50 Min.
BEI 4 PERSONEN PRO PORTION CA.: 95 kcal

FÜR 2–4 PERSONEN:

6 kleine rote Chilischoten
1 Stück frischer Ingwer (1 cm)
4 Knoblauchzehen
2 EL Limettensaft
2 EL helle Sojasauce
$^1/_2$ TL Salz
$^1/_4$ TL Zucker
1 küchenfertiger frischer Fisch (z. B. Dorade, etwa 500 g)
1 Stängel Zitronengras
1 Bund Thai-Stangensellerie (S. 161)
2 kleine Zucchini
200 g Chinakohl
1 Tomate

Gedämpfter Fisch mit Chilisauce

BLAHNÜNG

1. Die Chilischoten waschen, putzen und zerkleinern. Ingwer und Knoblauch schälen, grob hacken. Alles zusammen im Mörser fein zerstampfen. $^1/_2$ TL von der Paste mit Limettensaft, Sojasauce, Salz und Zucker vermischen.

2. Den Fisch innen und außen waschen und mit Küchenpapier trockentupfen. Oben und unten schräg drei Mal etwa $^1/_2$ cm tief einschneiden. Den Fisch rundherum mit der Würzmischung einreiben.

3. Das Zitronengras von äußeren harten Blättern befreien, Stangensellerie putzen, waschen und beides in 5 cm lange Stücke schneiden. Etwas Zitronengras und Sellerie in eine feuerfeste flache Schale von der Größe des Fisches verteilen. Den gewürzten Fisch darauf legen und das restliche Zitronengras sowie die übrigen Selleriestücke darauf verteilen.

4. Zucchini waschen, putzen und in dicke Längsscheiben schneiden. Chinakohl waschen, putzen, in breite Streifen schneiden. Den Fisch mit dem Gemüse umlegen.

5. In den Wok 5 cm hoch Wasser geben und zum Kochen bringen. Das Gitter einsetzen. Die Schale mit dem Fisch und dem Gemüse darauf stellen und zugedeckt etwa 20 Min. dämpfen.

6. Die Tomate waschen und klein würfeln, den Stielansatz dabei entfernen. Tomatenwürfel mit der restlichen Chilipaste aus dem Mörser und 4 EL von der Dämpfflüssigkeit des Fischs verrühren. Über den gar gedämpften Fisch verteilen und diesen vor dem Servieren noch 1 Min. ziehen lassen.

GARNIEREN: mit Sellerieblättchen, Ingwerstreifen und Chiliringen

GETRÄNK: Weißwein

FÜR ANFÄNGER
SCHARF
AUS ISAN

ZUBEREITUNG: 40 Min.
BEI 4 PERSONEN PRO PORTION CA.: 70 kcal

FÜR 3–4 PERSONEN:

1 küchenfertige Lachsforelle (etwa 500 g)
$^1/_2$ TL Salz
50 cm Bananenblatt

Für die Sauce:

2 rote Chilischoten (etwa 8 cm)
2 Thai-Schalotten
2 Korianderwurzeln
1 EL Limettensaft
2–3 EL helle Sojasauce

Fisch in Bananenblatthülle

PLAPHAU

1. Den Backofen auf 200° vorheizen. Den Fisch außen und innen waschen, mit Küchenpapier trockentupfen. Mit dem Salz bestreuen und erst in das Bananenblatt, dann in Alufolie wickeln. Den Fisch auf den Backofenrost legen (Mitte, Umluft 180°) und etwa 30 Min. garen.

2. Inzwischen für die Sauce die Chilischoten waschen, putzen und grob zerkleinern, dabei eventuell einen Teil der Samen entfernen. Schalotten schälen und hacken. Korianderwurzeln waschen und ebenfalls zerkleinern. Alles zusammen im Mörser fein zerstampfen. Die Paste mit Limettensaft und Sojasauce mischen und in ein Schüsselchen füllen.

3. Den Fisch aus dem Backofen nehmen, aus der Alufolie wickeln und auf eine Platte legen. Das Bananenblatt erst bei Tisch öffnen, die Sauce dazuservieren.

GARNIEREN: In Thailand isst man den Fisch in Bananenblatthülle gerne wie den Platoo von Seite 74: mit kalten Nudeln und der Sauce in ein Salatblatt gewickelt.

GETRÄNK: Bier, Weißwein

Hier zwei in Thailand überaus beliebte Rezepte, die supereinfach sind und schnell gehen.

FÜR ANFÄNGER
MILD
ALLTAGSGERICHT

ZUBEREITUNG: 25 Min.
BEI 4 PERSONEN PRO PORTION CA.: 140 kcal

FÜR 2–4 PERSONEN:

400 g Fischfilet (z. B. Seelachs, Rotbarsch, Kabeljau)
2 Knoblauchzehen
1 Stange Thai-Sellerie
2 EL Öl
2 EL Austernsauce
2 EL Fischsauce | 1 Prise Zucker
weißer Pfeffer nach Belieben

Gebratenes Fischfilet

PADPLA

1. Das Fischfilet waschen und mit Küchenpapier trockentupfen. Das Filet in breite Streifen oder große Stücke schneiden.

2. Knoblauch schälen und klein hacken. Den Stangensellerie putzen, waschen und in 3 cm lange Stücke schneiden.

3. Eine schwere tiefe Pfanne oder den Wok erhitzen, das Öl hineingießen und den Knoblauch darin goldgelb braten. Die Fischstücke hinzufügen und bei mittlerer Hitze 4–5 Min. braten. Mit Austernsauce, Fischsauce und Zucker würzen.

4. Die Selleriestücke hinzufügen, 1 Min. weiterbraten und nach Geschmack mit weißem Pfeffer übermahlen.

GARNIEREN: mit gehackten Sellerieblättchen bestreuen

GETRÄNK: Bier, Weißwein

FÜR ANFÄNGER
WÜRZIG
AUS SÜDTHAILAND

ZUBEREITUNG: 30 Min.
BEI 4 PERSONEN PRO PORTION CA.: 70 kcal

FÜR 2–4 PERSONEN:

1 Stück frischer Ingwer (2 cm)
2 Knoblauchzehen
1 kleine rote Chilischote
1 TL Palmzucker
5 EL Limettensaft
3 EL Fischsauce
2 EL helle Sojasauce
1/3 TL Salz
1 kg küchenfertige Miesmuscheln
20 Blätter Thai-Basilikum *(bai horapha)*

Muscheln in Ingwersauce

HOINANGROMGABNAMJIMKING

1. Für die Sauce Ingwer und Knoblauch schälen und hacken. Die Chilischote waschen, putzen und zerkleinern. Alles zusammen im Mörser mit dem Zucker fein zerstampfen. Mit Limettensaft, Fischsauce und Sojasauce mischen und mit dem Salz abschmecken. Die Ingwersauce in ein Schüsselchen füllen.

2. Die Muscheln gründlich waschen, eventuell abbürsten und Bärtchen entfernen. Beschädigte sowie geöffnete Exemplare aussortieren und wegwerfen. Das Basilikum waschen und trockentupfen.

3. Den Wok oder eine schwere tiefe Pfanne 2 Min. erhitzen. Die Muscheln hineingeben, das Basilikum darauf verteilen und zugedeckt 5 Min. garen.

4. Die Muscheln in eine Servierschüssel geben oder auf einer Platte anrichten. Muscheln, die sich nicht geöffnet haben, aussortieren und wegwerfen. Die Ingwersauce dazuservieren.

GARNIEREN: Von den Muscheln jeweils die obere Schale entfernen, die Hälften mit Basilikumsträußchen sowie halbierten Tomaten mit gezacktem Rand auf einer Platte anrichten.

GETRÄNK: Wasser, Wein

VARIANTE: Auch Venusmuscheln schmecken mit der Ingwersauce fein.

Eine kleine Auswahl an Fisch und Meeresfrüchten, wie sie in Thailand täglich auf den Tisch kommt.

Zwei etwas aufwändigere Klassiker der thailändischen Fischküche.

Fisch in süßsaurer Ingwersauce

PLARADNAMKHING

FÜR GEÜBTE
FRUCHTIG-MILD
AUS SÜDTHAILAND

ZUBEREITUNG: 40 Min.
BEI 4 PERSONEN PRO PORTION CA.: 285 kcal

FÜR 2–4 PERSONEN:

400 g Fischfilet (z. B. Seelachs)
1 Ei
1/3 TL Salz
1 Prise weißer Pfeffer
4 EL Tapiokamehl (S. 161)
3 EL Öl
1 Stange Thai-Sellerie

Für die Sauce:

30 g gepresste Tamarinde
300 g Tomaten
30 g frischer Ingwer
1 Knoblauchzehe
1 Zwiebel | 2 EL Öl
2 TL Palmzucker
3 EL helle Sojasauce

1. Für die Sauce die Tamarinde 10 Min. in 1/8 l Wasser einweichen. Die Tomaten waschen und klein würfeln, dabei die Stielansätze entfernen.

2. Ingwer, Knoblauch und Zwiebel schälen und jeweils fein hacken. In einer Pfanne 2 EL Öl erhitzen und den Knoblauch darin goldgelb anbraten. Die Zwiebel hinzufügen und unter Rühren weiterbraten. Ingwer, Tomaten und den Palmzucker unterrühren. Die Tamarinde gut auspressen, die Fasern wegwerfen, die Flüssigkeit in die Pfanne geben. Die Sauce mit der Sojasauce würzen und in etwa 10 Min. sämig einkochen lassen.

3. Inzwischen das Fischfilet in 6–8 Stücke schneiden. Das Ei in einem tiefen Teller mit dem Salz und dem Pfeffer verschlagen. Das Mehl in einen zweiten Teller geben.

4. In einer weiteren Pfanne das restliche Öl erhitzen. Die Fischstücke zuerst im Ei, dann im Mehl wenden und in das heiße Öl geben. Von jeder Seite 2–3 Min. braten, bis sie goldgelb sind.

5. Selleriestange putzen, waschen und klein hacken. Die gebratenen Fischstücke auf einer Platte anrichten, die Sauce darüber verteilen und den gehackten Sellerie darüber streuen.

GARNIEREN: mit Sellerieblättern

GETRÄNK: Wasser, Bier

Platoo im Salatblatt

MIANGPLATOO

FÜR ANFÄNGER
SCHARF
AUS DER MEKONG-REGION

ZUBEREITUNG: 35 Min.
BEI 4 PERSONEN PRO PORTION CA.: 170 kcal

FÜR 2–4 PERSONEN:

3–4 Platoos (siehe Tipp; S. 161)
3 EL Öl

Für die Sauce:

2 kleine Chilischoten (rot oder grün)
2 Thai-Schalotten
2 Korianderwurzeln
1 TL Palmzucker
2 EL helle Sojasauce
2 EL Zitronensaft

Außerdem:

1 Kopfsalat
1 Bund *kayäng*-Blätter (S. 160; ersatzweise 1 Bund Minze)
1 Bund Koriandergrün

1. Für die Sauce die Chilischoten waschen, putzen und zerkleinern. Die Schalotten schälen und hacken. Korianderwurzeln waschen und klein schneiden. Alles zusammen im Mörser mit dem Zucker fein zerstampfen. Die Paste mit der Sojasauce und dem Zitronensaft verrühren, in ein Schälchen füllen.

2. Salatblätter ablösen, waschen und trockentupfen. Kräuter waschen und trockenschütteln, die Blätter abzupfen. Alles am Rand einer großen Platte anrichten.

3. Eine große Pfanne erhitzen. Das Öl hineingießen und die Fische darin pro Seite etwa 3 Min. braten, bis sie am Rand goldgelb sind. Die Fische auf die Platte legen.

4. Zum Essen nimmt sich jeder ein Salatblatt, löst ein Stück vom Fischfleisch ab und legt es auf das Salatblatt. Kräuter und Sauce darauf geben, das Salatblatt zu einem Päckchen wickeln und abbeißen.

GARNIEREN: Die Fische auf Salat- oder auch auf Minzeblättern anrichten, mit Kräutern und nach Belieben Chiliblüten (siehe Garniertipp Seite 123) dekorieren.

GETRÄNK: Bier, Weißwein

VARIANTE: Statt Platoos können Sie auch kleine küchenfertige Meerbarben verwenden, die aber, da sie nicht vorgekocht sind, 4–5 Min. pro Seite braten müssen.

TIPP!

Platoos schmecken auch sehr gut, wenn man sie in Bananenblatt und dann in Alufolie wickelt und ohne Öl in einer Pfanne gart (5 Min. pro Seite).

Bei eingelegtem Bambus scheiden sich die Geister: Entweder Sie werden das säuerliche Gemüse lieben – oder es nie wieder essen. Dieses Gericht ist aber auf alle Fälle einen Versuch wert!

FÜR ANFÄNGER
SCHARF
AUS UBON

ZUBEREITUNG: 40 Min.
PRO PORTION CA.: 175 kcal

FÜR 4 PERSONEN:

400 g Fischfilet (z. B. Rotbarsch)
1 EL Öl | 4 EL helle Sojasauce
2 EL Fischsauce | 1 Prise Salz

Für die Würzpaste:

3 Thai-Schalotten (S. 161)
3 Knoblauchzehen
1 Stängel Zitronengras
2 getrocknete Chilischoten

Außerdem:

250 g abgetropfter sauer eingelegter Bambus (in Streifen)
2 Stängel Lao-Basilikum *(bai mänglag)*
1 Bund Frühlingszwiebeln

Geschmorter Fisch mit saurem Bambus

PLAPHADNOMAIPLIAU

1. Für die Würzpaste Schalotten und Knoblauch schälen und hacken. Das Zitronengras von äußeren harten Blättern befreien, 6 cm vom unteren weichen Teil fein hacken. Alles zusammen mit den Chilischoten im Mörser fein zerstampfen.

2. Das restliche Zitronengras weich klopfen und in Stücke schneiden. Das Fischfilet waschen, mit Küchenpapier trockentupfen und in 3 cm große Würfel schneiden.

3. In einer Pfanne das Öl erhitzen. Darin die Würzpaste 2 Min. anbraten. Das übrige Zitronengras kurz mitbraten. Den Fisch in die Pfanne geben, mit Sojasauce, Fischsauce und dem Salz würzen. 2–3 Min. braten, bis das Fischfleisch fest wird. Den sauren Bambus und so viel Wasser hinzufügen, dass der Fisch knapp bedeckt ist. 5 Min. bei schwacher Hitze ziehen lassen.

4. Basilikum waschen, trockenschütteln, die Blätter abzupfen. Frühlingszwiebeln waschen, putzen und in Ringe schneiden. Beides unterrühren, noch 1 Min. garen.

GETRÄNK: Wasser, Bier

TIPP!
Probieren Sie den eingelegten Bambus vorher, und wässern Sie ihn eventuell, falls er Ihnen zu sauer erscheint.

FÜR ANFÄNGER
WÜRZIG
KLASSIKER

ZUBEREITUNG: 30 Min.
PRO PORTION CA.: 405 kcal

FÜR 4 PERSONEN:

300 g Glasnudeln
10 g getrocknete Morcheln (Mu-Err-Pilze)
100 g getrocknete Garnelen
4 Thai-Frühlingszwiebeln (S. 161)
100 g Möhren
2 Zwiebeln (100 g)
2 Knoblauchzehen
4 EL Öl
2 TL Palmzucker
5 EL helle Sojasauce
1/3 TL dunkle Sojasauce
3 EL Austernsauce

Gebratene Glasnudeln mit Garnelen

PHADPHAGWUNSEN

1. Glasnudeln, Morcheln und Garnelen jeweils separat 20 Min. in kaltem Wasser einweichen. Inzwischen die Frühlingszwiebeln waschen, putzen und in 2 cm große Stücke schneiden. Möhren waschen und – am besten mit dem Juliennehobel – in streichholzförmige Stifte schneiden. Zwiebeln schälen, längs halbieren und in feine Spalten schneiden. Den Knoblauch schälen und fein hacken.

3. Im Wok oder in einer schweren tiefen Pfanne 2 EL Öl erhitzen, die Zwiebeln darin goldgelb anbraten. Morcheln in ein Sieb abgießen und in Streifen schneiden. Mit den Möhren und dem Zucker hinzufügen und 1 Min. mitbraten.

4. Alles an den Rand schieben. Das restliche Öl in den Wok geben, erhitzen und den Knoblauch darin goldgelb anbraten. Garnelen in ein Sieb abgießen, mit den Frühlingszwiebeln zufügen, 1 Min. unter Rühren braten. Mit den beiden Sorten Sojasauce und der Austernsauce würzen.

5. Glasnudeln in ein Sieb abgießen, mit der Küchenschere in 15–20 cm lange Stücke schneiden. Die Nudeln in den Wok geben, unterrühren und heiß werden lassen. Auf Schälchen verteilen und sofort servieren.

GARNIEREN: Etwas vom grünen Teil der Frühlingszwiebeln zurückbehalten, im Ganzen oder in feine Ringe geschnitten auf das fertige Gericht geben.

GETRÄNK: Wasser, Bier

VARIANTE: Sie können auch 250 g frische geschälte Garnelen nehmen.

Dieses Gericht wird mit den Fingern gegessen und ist damit ein originelles Partyessen für unkonventionelle Gäste.

FÜR ANFÄNGER
MILD-WÜRZIG
AUS ISAN

EINWEICHEN: 1 Std.
ZUBEREITUNG: 50 Min.
PRO PORTION CA.: 410 kcal

FÜR 4 PERSONEN:

250 g schmale, lange Reisnudeln
3 Knoblauchzehen
2 Stängel Zitronengras
3 Korianderwurzeln
1 TL Salz
1/2 TL weißer Pfeffer
1 küchenfertiger Plaschon (etwa 500 g; siehe Tipp)
250 g Kokosmilch
1 Beutel Pulver für Sataysauce (100 g)
1 Kopfsalat (wahlweise auch Novita oder Lollo rosso)
1 Bund frische Minze
1 Bund Koriandergrün

Fisch mit Erdnusssauce und Nudeln

MIANGPLANÜNG

1. Die Reisnudeln 1 Std. in kaltem Wasser einweichen.

2. Inzwischen den Knoblauch schälen und hacken. Zitronengras von äußeren harten Blättern befreien. Jeden Stängel in 3 Teile schneiden. Die unteren weichen Drittel hacken, die übrigen Stücke weich klopfen. Korianderwurzeln waschen und zerkleinern. Alles mit Ausnahme der großen Zitronengrasstücke in den Mörser geben, mit dem Salz und dem Pfeffer zu einer feinen Paste zerstampfen.

3. Den Fisch außen und innen waschen, mit Küchenpapier trockentupfen. Mit der Gewürzmischung einreiben. 2 Zitronengrasstücke in eine feuerfeste Schale geben, den Fisch darauf legen und mit übrigem Zitronengras belegen.

4. Im Wok 5 cm hoch Wasser zum Kochen bringen, das Gitter einsetzen, die Schale mit dem Fisch darauf stellen. Zugedeckt 20 Min. dämpfen.

5. Inzwischen für die Sauce die Kokosmilch erwärmen und das Sataypulver einrühren. 15 Min. bei schwacher Hitze köcheln lassen, bis eine sämige Sauce entsteht. Die Sauce in eine Schale füllen. (Wer die Erdnusssauce lieber selbst zubereitet, geht nach dem Rezept auf Seite 84 vor.)

6. Vom Kopfsalat die Blätter ablösen, waschen und trockentupfen. Kräuter waschen und trockenschütteln, dann die Blättchen abzupfen.

7. Für die Nudeln 1 l Wasser in einem Topf zum Kochen bringen. Die Reisnudeln abgießen, im Wasser 5 Min. kochen lassen, in ein Sieb abschütten, kalt abbrausen und gut abtropfen lassen.

8. Den Fisch auf eine Platte heben (oder in der Schale servieren). Salat, Kräuter, Nudeln und Erdnusssauce dazuservieren.

9. Jeder nimmt sich ein Salatblatt, legt 1 Minzeblatt und 2–3 Korianderblättchen in die Mitte. Dann mit der Gabel ein kleines Nest aus Nudeln drehen und auf die Kräuter setzen. 1 TL Erdnusssauce darauf geben. Mit dem Löffel etwas von dem Fisch auslösen und darauf legen. Das Salatblatt aufwickeln, dabei die Seiten einschlagen, damit nichts herausquellen kann. Und dann einfach hineinbeißen!

GARNIEREN: Da die Nudeln kalt serviert werden, können Sie gleich Salatblätter mit Kräutern und Nudelnestern darauf vorbereiten und auf einer Platte anrichten. Jeder Gast gibt dann selbst die (warme) Sauce und den (warmen) Fisch darauf und wickelt alles in das Salatblatt.

GETRÄNK: Wasser, Rotwein

TIPP!

Plaschon ist ein Süßwasserfisch, der in Daras Heimat sehr beliebt ist und für viele Gerichte verwendet wird. Er hat ein würzig schmeckendes, festes, rötliches Fleisch. Hier zu Lande bekommt man ihn manchmal tiefgekühlt in Asien-Supermärkten. Am nächsten kommt ihm unsere Lachsforelle, die daher ein guter Ersatz ist.

Fleisch und Geflügel

Beliebte Klassiker und neue Rezepte

FÜR ANFÄNGER
SEHR SCHARF
KLASSIKER

Chilisauce

NAMJIMPRIGSOD

ZUBEREITUNG: 15 Min.
PRO PORTION CA.: 20 kcal

FÜR 4 PERSONEN:

5 kleine rote Chilischoten
1 Thai-Schalotte
1 Frühlingszwiebel
2 EL Fischsauce
1 EL Zitronensaft
$^{1}/_{3}$ TL Palmzucker

1. Die Chilischoten waschen, putzen und fein hacken. Wer es nicht allzu scharf liebt, entfernt dabei die Samen teilweise oder vollständig.

2. Die Schalotte schälen und hacken. Die Frühlingszwiebel waschen, putzen und klein schneiden. Beides zusammen mit den Chilischoten in den Mörser geben und fein zerstampfen.

3. Fischsauce und Zitronensaft unter die Paste rühren und die Sauce mit Zucker abschmecken. Die Sauce zum Servieren in ein (Bananenblatt-)Schälchen füllen.

TIPP!
Diese scharfe Sauce passt zu allen gegrillten Fleischgerichten, aber auch zu Fisch.

FÜR ANFÄNGER
SEHR SCHARF
AUS BANGKOK

Knoblauchsauce

NAMJIMGRATIAM

ZUBEREITUNG: 15 Min.
PRO PORTION CA.: 15 kcal

FÜR 4 PERSONEN:

5 kleine grüne Chilischoten
3 Knoblauchzehen
1 Thai-Schalotte
1 Stängel Koriander mit Wurzel
$^{1}/_{2}$ TL Palmzucker
2 EL helle Sojasauce
1 EL Zitronensaft
1 Prise Salz

1. Die Chilischoten waschen, putzen und fein hacken. Wer es nicht allzu scharf liebt, entfernt dabei die Samen teilweise oder vollständig.

2. Knoblauchzehen und die Schalotte schälen und hacken. Den Koriander waschen, einige Blättchen abschneiden und für die Dekoration beiseite legen. Wurzel, Stiele und übrige Blätter hacken.

3. Chilischoten, Knoblauch, Schalotten und Koriander in den Mörser geben, mit dem Zucker fein zerstampfen.

4. Die Paste mit Sojasauce, Zitronensaft und Salz verrühren und zum Servieren in ein (Bananenblatt-)Schälchen füllen. Die restlichen Korianderblättchen grob hacken und darüber streuen.

TIPP!
Knoblauchsauce wird in Thailand vor allem zu Entengerichten gereicht.

FÜR ANFÄNGER
WÜRZIG
GUT VORZUBEREITEN

Ingwersauce

NAMJIMKHING

ZUBEREITUNG: 15 Min.
PRO PORTION CA.: 10 kcal

FÜR 4 PERSONEN:

3 kleine rote Chilischoten
1 cm frischer Ingwer
1 Stängel Koriander mit Wurzel
$^{1}/_{2}$ TL Palmzucker
2 EL *taujiau* (eingelegte gelbe Bohnen aus dem Glas; S. 161)
1 EL helle Sojasauce
1 EL Zitronensaft

1. Die Chilischoten waschen, putzen und fein hacken. Wer es nicht allzu scharf liebt, entfernt dabei die Samen teilweise oder vollständig.

2. Ingwer schälen und hacken. Koriander waschen, einige Blättchen abschneiden und für die Dekoration beiseite legen. Wurzel, Stiele und übrige Blätter hacken.

3. Chilis, Ingwer und zerkleinerten Koriander in den Mörser geben und mit dem Zucker fein zerstampfen. Die eingelegten Bohnen dazugeben und alles sorgfältig zu einer feinen Paste zerreiben.

4. Sojasauce und Zitronensaft unter die Paste rühren. Die restlichen Korianderblättchen hacken und untermischen. Die Ingwersauce zum Servieren in ein (Bananenblatt-)Schälchen füllen.

TIPP!
Die Ingwersauce passt besonders gut zu Schweinefleisch und Fischgerichten.

Natürlich hat jede thailändische Hausfrau ihr eigenes Rezept für *muhsatay* und *mujangh*, hier Daras Rezepte.

FÜR GEÜBTE
NUSSIG-SCHARF
AUS SÜDTHAILAND

ZUBEREITUNG: 1 Std. 15 Min.
PRO PORTION CA.: 585 kcal

FÜR 4 PERSONEN:

500 g Schweinefilet
2 TL Zucker
2 Zwiebeln (100 g)
1 1/2 EL mildes Currypulver
1/3 TL Kurkuma | 1 TL Salz
1/3 TL weißer Pfeffer | 2 EL Öl
250 g Kokosmilch (aus der nicht geschüttelten Dose)

Für die Sauce:

10 g gepresste Tamarinde
100 g geröstete, gesalzene Erdnüsse
1 TL Palmzucker
1/2 TL Salz | 1/3 TL Chilipulver
1 EL helle Sojasauce

Außerdem:

25 Holzspieße | 4–5 EL Öl

Fleischspießchen mit Erdnusssauce

MUHSATAY

1. Das Fleisch quer zur Faser in dünne Streifen schneiden und in einer Schüssel mit dem Zucker mischen.

2. Zwiebeln schälen und etwas zerkleinern. Mit Currypulver, Kurkuma, Salz, Pfeffer und Öl in den Mixer geben. 3 EL vom dickflüssigen oberen Teil der Kokosmilch dazugeben und alles fein pürieren. Die Paste sorgfältig unter das Fleisch mischen.

3. Für die Sauce die Tamarinde 10 Min. in 1/8 l kaltem Wasser einweichen. Inzwischen jeweils 2–3 marinierte Fleischstreifen flach und wellenförmig auf ein Holzspießchen stecken und etwas aufreihen.

4. Erdnüsse im Mörser fein zerreiben oder in der Nussmühle mahlen. Die restliche Kokosmilch in der Dose verrühren und gut 200 g in einen Topf geben. Tamarinde gut auspressen, die Flüssigkeit in den Topf geben, die Fasern wegwerfen. Erdnüsse, Palmzucker, Salz, Chilipulver und Sojasauce unterrühren, alles aufkochen und bei schwacher Hitze etwa 15 Min. köcheln lassen, gelegentlich umrühren.

5. Inzwischen eine große Bratpfanne erhitzen und mit einer Lage Alufolie auslegen. Mit 1 EL Öl bepinseln und 5–6 Spieße darauf geben. Diese von jeder Seite etwa 2 Min. braten, im Backofen bei 50° warm halten. Auf diese Art nach und nach portionsweise alle Spieße braten.

6. Die Spieße auf einer Platte anrichten. Die Erdnusssauce in einer Schüssel separat dazureichen.

GARNIEREN: Behalten Sie ein paar Erdnüsse zurück, und bestreuen Sie die Sauce damit.

GETRÄNK: Wasser, Bier, Weißwein

VARIANTE: Schmeckt auch mit Hähnchen- oder Putenfleisch.

FÜR GEÜBTE
SAFTIG
AUS ISAN

ZUBEREITUNG: 50 Min.
BEI 4 PERSONEN
PRO PORTION CA.: 325 kcal

FÜR 2–4 PERSONEN:

500 g Schweinehalsgrat ohne Knochen
2 1/2 TL Zucker
2 Zwiebeln | 3 Knoblauchzehen
1 TL Salz | weißer Pfeffer

Für den Dip:

3 EL helle Sojasauce
1 TL Chilipulver
1 EL Zitronensaft
1 Prise Zucker

Außerdem:

25 Holzspieße | 4–5 EL Öl

Fleischspießchen mit Chilidip

MUJANGH

1. Das Fleisch quer zur Faser in dünne lange Streifen schneiden und mit dem Zucker vermischen. 10 Min. ziehen lassen.

2. Zwiebeln und Knoblauch schälen, grob zerkleinern. Im Mixer mit dem Salz und 1 Prise Pfeffer fein pürieren. Die Paste mit dem Fleisch mischen.

3. Jeweils 2–3 marinierte Fleischstreifen flach und wellenförmig auf ein Holzspießchen stecken und etwas aufreihen. Eine große Bratpfanne erhitzen, mit Alufolie auslegen und diese mit 1 EL Öl bepinseln.

4. 5–6 Spieße in die Pfanne geben, von jeder Seite etwa 2 Min. braten und im Backofen bei 50° warm halten. Auf diese Art portionsweise alle Spieße braten.

5. Für den Dip Sojasauce, Chilipulver und den Zitronensaft verrühren, mit Zucker abschmecken. Den Chilidip in ein Schälchen füllen, zu den Spießchen servieren.

GARNIEREN: Den Rand einer Platte mit Paprikastreifen, Tomatenachteln und Gurkenscheiben belegen, die Spieße in die Mitte geben.

GETRÄNK: Wasser, Bier

VARIANTE: Bereiten Sie die Spießchen mit Fleisch aus der Lammkeule zu.

TIPP!

Erneuern Sie die Alufolie in der Pfanne nach jeder Portion, so bräunen die Spießchen optimal, ohne zu verbrennen und die Pfanne bleibt sauber.

Knuspriges Fleisch und fruchtige Süße – eine fabelhafte Kombination.

FÜR ANFÄNGER
FRUCHTIG
FÜR GÄSTE

ZUBEREITUNG: 50 Min.
BEI 4 PERSONEN
PRO PORTION CA.: 405 kcal

FÜR 2–4 PERSONEN:

2 Knoblauchzehen
1/3 TL Salz
1/4 TL weißer Pfeffer
1 Prise Zucker
1 EL helle Sojasauce
500 g Schweinerippchen (vom Metzger in je etwa 5 cm große Stücke gehackt)

Für die Sauce:

1 kleine Ananas (etwa 600 g)
1 große Zwiebel (50 g)
1 kleine Tomate (50 g)
2 EL Öl
2 EL helle Sojasauce
1 Prise Salz
1 TL edelsüßes Paprikapulver

Gegrillte Rippchen mit Ananassauce

KRADOOKMHUOBNAMSAPRAROD

1. Die Knoblauchzehen schälen und grob hacken. Im Mörser mit Salz, Pfeffer und Zucker fein zerreiben. Mit der Sojasauce mischen.

2. Die Rippchen gründlich abwaschen, um eventuelle Knochensplitter zu entfernen, und mit Küchenpapier trockentupfen. Die Rippchen mit der Würzmischung einreiben, auf einem Backblech verteilen und zugedeckt etwa 15 Min. ziehen lassen.

3. Inzwischen den Backofengrill auf 200° vorheizen. Aus der Ananas längs 2 etwa 2 cm breite Keile mit Schopf herausschneiden und für die Dekoration beiseite legen. Die übrige Ananas schälen (siehe auch die Beschreibung auf Seite 19), den harten Strunk entfernen und das Fruchtfleisch klein würfeln.

4. Die Zwiebel schälen und fein hacken. Tomate waschen und in kleine Würfel schneiden, den Stielansatz dabei entfernen.

5. Die Rippchen in den Backofen schieben (Mitte) und 10 Min. grillen, dann wenden und auch auf der anderen Seite in weiteren 10 Min. knusprig braun grillen.

6. Inzwischen für die Ananassauce das Öl in einem Topf erhitzen und die Zwiebeln darin 1 Min. anbraten. Tomaten- und Ananaswürfel hinzufügen. 1/8 l Wasser angießen, Sojasauce, Salz und Paprikapulver unterrühren. Alles aufkochen und etwa 10 Min. bei mittlerer Hitze köcheln lassen.

7. Wenn die Rippchen knusprig braun sind, die Ananassauce darüber verteilen und das Fleisch noch 2–3 Min. grillen.

8. Die beiseite gelegten Ananaskeile auf einer Platte arrangieren. Die Rippchen darauf anrichten und die Ananassauce darüber verteilen.

GARNIEREN: mit Spalten von frischer Ananas (mit Schopf)

GETRÄNK: Wasser, Bier

VARIANTEN: Für die fruchtige Sauce können Sie statt Ananas auch Litchis (frisch oder aus der Dose) verwenden. Sie können auch Hähnchenflügel auf diese Weise zubereiten und mit der Ananassauce servieren.

Oft haben die Händler nur zwei bis drei Sorten an Gemüse und Obst im Angebot. Dafür ist immer alles sehr frisch.

FÜR ANFÄNGER
SCHARF
FÜR GÄSTE

ZUBEREITUNG: 30 Min.
BEI 4 PERSONEN
PRO PORTION CA.: 400 kcal

FÜR 3–4 PERSONEN:

400 g Rinderfilet
4 EL Fischsauce
150 g Bambusspitzen (vakuumverpackt)
je 1 kleine rote und grüne Paprikaschote
1 Stängel Thai-Basilikum *(bai horapha)*
1 Dose Kokosmilch (400 g), nicht geschüttelt
1 EL grüne Currypaste
1/3 TL Salz
1 Prise Zucker

Grünes Rindfleischcurry

GEANGKIAUWANNÜA

1. Das Fleisch mit Küchenpapier trockentupfen und quer zur Faser in schmale Streifen schneiden. In einer Schüssel mit der Fischsauce mischen und zugedeckt ziehen lassen, bis die übrigen Zutaten vorbereitet sind.

2. Bambusspitzen in ein Sieb geben, kalt abbrausen, abtropfen lassen und in Streifen schneiden. Paprikaschoten vierteln, putzen, waschen und quer in dünne Streifen schneiden. Das Basilikum waschen und trockenschütteln, die Blätter abzupfen.

3. Die obere, dickflüssige Hälfte der Kokosmilch in einen Topf geben und zum Kochen bringen. Die Currypaste hinzufügen und unter Rühren 2–3 Min. braten, bis die Kokosmilch am Rand grün wird.

4. Das Fleisch in den Topf geben und 2 Min. darin anbraten. Die restliche Kokosmilch angießen, mit Salz und Zucker würzen. Die Bambusstreifen zugeben und 3 Min. bei mittlerer Hitze köcheln lassen. Paprikastreifen hinzufügen und alles noch 2 Min. köcheln lassen. Die Basilikumblätter unterrühren und das Curry in eine Servierschüssel füllen.

GARNIEREN: Ein Basilikumsträußchen mit einer Chiliblüte (siehe Garniertipp Seite 123) hineinstecken.

GETRÄNK: Wasser, Weißwein

VARIANTEN: Das Curry schmeckt auch mit Lammrücken- oder Hähnchenbrustfilet.

Massman-Curry

GEANG MASSMAN

FÜR GEÜBTE
FRUCHTIG-NUSSIG
KLASSIKER

ZUBEREITUNG: 50 Min.
BEI 4 PERSONEN PRO PORTION CA.: 655 kcal

FÜR 3–4 PERSONEN:

50 g gepresste Tamarinde
500 g Schweinegulasch
6 EL Fischsauce
100 g Erdnüsse
2 EL Öl
1 Dose Kokosmilch (400 g), nicht geschüttelt
2 Zwiebeln
2 große fest kochende Kartoffeln
2 EL *massman*-Currypaste
1/4 TL Salz
1/2 TL Zucker

1. Tamarinde in 1/8 l Wasser einweichen. Das Fleisch eventuell etwas kleiner, in etwa 2 cm große Würfel schneiden. In einer Schüssel mit der Fischsauce mischen und kurz ziehen lassen.

2. Inzwischen die Erdnüsse im Mörser fein zerstoßen oder in der Nussmühle mahlen.

3. Das Öl in einer großen Pfanne erhitzen. Das marinierte Fleisch darin rundherum braun anbraten. Die cremige obere Hälfte der Kokosmilch in einen Topf, den Rest zum Fleisch in die Pfanne geben. Die Erdnüsse unterrühren und alles bei mittlerer Hitze 20 Min. zugedeckt köcheln lassen.

4. Inzwischen die Zwiebeln schälen und fein hacken. Kartoffeln schälen und in 2 cm große Würfel schneiden.

5. Die Kokoscreme im Topf aufkochen und 2 Min. köcheln lassen. Die Currypaste einrühren und in 2 Min. darin auflösen. Die Zwiebeln zugeben und 1 Min. kochen. Das Fleisch mit der Kokos-Erdnuss-Sauce aus der Pfanne in den Topf umfüllen und die Kartoffelwürfel zugeben.

6. Die Tamarinde auspressen, die Fasern wegwerfen, die Flüssigkeit zum Curry geben. Dieses weitere 10–15 Min. köcheln lassen, bis Fleisch und Kartoffeln weich sind. Mit Salz und Zucker abschmecken.

GARNIEREN: mit Sternanis

GETRÄNK: Wasser, Bier

VARIANTEN: Sie können dieses Curry auch mit Geflügel- oder Rindfleisch zubereiten.

FÜR ANFÄNGER
SCHARF
AUS SÜDTHAILAND

Tepho-Curry

GEANGTEPHO

ZUBEREITUNG: 30 Min.
BEI 4 PERSONEN
PRO PORTION CA.: 425 kcal

FÜR 3–4 PERSONEN:

500 g Schweinefleisch
3 EL Fischsauce
3 EL helle Sojasauce
20 g gepresste Tamarinde
200 g *phakbung* (S. 161)
1 Dose Kokosmilch (400 g), nicht geschüttelt
2–3 EL *gaengkua*-Currypaste (S. 160)
1/2 TL Zucker
1 Limette

1. Das Fleisch mit Küchenpapier trockentupfen, quer zur Faser in feine Streifen schneiden, in einer Schüssel mit Fisch- und Sojasauce mischen. Ziehen lassen, bis die übrigen Zutaten vorbereitet sind.

2. Die Tamarinde in 1/8 l Wasser einweichen. *Phakbung* waschen und abtropfen lassen. Die Blätter in etwa 2 cm breite Streifen schneiden.

3. 2 EL vom dickflüssigen oberen Teil der Kokosmilch in einem Topf erhitzen und 2 Min. köcheln lassen. Currypaste einrühren und 2–3 Min. darin anbraten. Das Fleisch hinzufügen und unter Rühren 5 Min. braten.

4. Die restliche Kokosmilch angießen, zum Kochen bringen. Den Zucker zugeben. Die Tamarinde auspressen, Fasern wegwerfen, die Flüssigkeit zum Curry geben.

5. Alles aufkochen, den *phakbung* unterrühren und 2–5 Min. garen.

6. Das Curry in eine Servierschale füllen. Die Limette vierteln und zum Nachwürzen separat dazureichen.

GARNIEREN: mit einem Zweig *phakbung*

GETRÄNK: Wasser, Bier

VARIANTE: Statt *phakbung* können Sie auch Spinat oder Mangold verwenden.

FÜR GEÜBTE
MILD
AUS BANGKOK

Gefüllte Weißkohlblätter

MUHHOGALAMPLIE

ZUBEREITUNG: 1 Std.
PRO PORTION CA.: 170 kcal

FÜR 4 PERSONEN:

10 g getrocknete Morcheln (Mu-Err-Pilze)
1 kleiner Kopf Weißkohl
1 Knoblauchzehe
2 Korianderwurzeln
300 g Schweinehackfleisch
3 EL helle Sojasauce
1/2 TL weißer Pfeffer
1/2 TL Salz
5 Thai-Frühlingszwiebeln (S. 161)
2 EL Öl

Außerdem:

Holzzahnstocher (bei Bedarf)

1. Morcheln in kaltem Wasser einweichen. Inzwischen vom Kohlkopf 12 Blätter ablösen (den Rest anderweitig verwenden), die Mittelrippen herausschneiden. Etwa 5 cm hoch Wasser im Wok aufkochen, das Gitter einsetzen. Die Kohlblätter darauf legen und zugedeckt etwa 5 Min. dämpfen, bis sie geschmeidig sind. Herausnehmen und auf einem Küchentuch auslegen.

2. Knoblauch schälen, Korianderwurzeln waschen, beides grob hacken und zusammen im Mörser fein zerstoßen. Die Morcheln abgießen, ausdrücken und fein schneiden.

3. Hackfleisch in einer Schüssel mit der Knoblauch-Korianderwurzel-Mischung, den Morcheln, der Sojasauce, Pfeffer und Salz gut verkneten. Die Fleischmasse in 12 Portionen teilen.

4. Jedes Kohlblatt so überlappend auslegen, dass der Einschnitt vom Entfernen der Mittelrippe verdeckt ist. Jeweils eine Portion Hackfleischmasse darauf geben und das Blatt zu einem kleinen Päckchen (etwa 4 x 5 cm) zusammenfalten, eventuell mit Zahnstochern zustecken.

5. Im Wok (Gitter darin belassen) 5 cm hoch Wasser zum Kochen bringen. Die gefüllten Weißkohlblätter auf das Gitter legen, zugedeckt 15–20 Min. dämpfen.

6. Inzwischen die Frühlingszwiebeln waschen, putzen und in Ringe schneiden. Das Öl in einer Pfanne erhitzen, die Frühlingszwiebeln darin 1 Min. anbraten. Mit 2 EL Wasser ablöschen. Die gefüllten Kohlblätter auf einer Platte anrichten und die Frühlingszwiebeln darüber verteilen.

GETRÄNK: Wasser, Bier

VARIANTE: Schmeckt auch mit Rinder- oder Lammhackfleisch.

Ein in Thailand überaus beliebtes Gericht, das gerne für Feste zubereitet wird.

FÜR ANFÄNGER
WÜRZIG
FÜR GÄSTE

Schweinefleisch mit süßsaurem Gemüse

MUHPALO

ZUBEREITUNG: 45 Min.
MARINIEREN: 15 Min.
PRO PORTION CA.: 225 kcal

FÜR 4 PERSONEN:

3 Korianderwurzeln
3 Knoblauchzehen
6 weiße Pfefferkörner
500 g Schweinefilet
1/2 TL dunkle Sojasauce
2 EL Öl
1 Zimtstange
3 Sternanis
6 Gewürznelken
2 TL Palmzucker
5 EL helle Sojasauce
1/2 TL Salz

Für das Gemüse:

300 g grüner Chinakohl (Asienladen; siehe Tipp)
1 TL Salz
2 TL Zucker
2 EL Reisessig

1. Die Korianderwurzeln waschen, den Knoblauch schälen, beides grob hacken und mit den Pfefferkörnern im Mörser fein zerstoßen.

2. Das Schweinefleisch mit Küchenpapier trockentupfen und in Stücke von etwa 3 x 5 cm schneiden. In einer Schüssel mit der Würzpaste aus dem Mörser und der dunklen Sojasauce mischen, dann 15 Min. zugedeckt ziehen lassen.

3. Das Öl in einer großen Pfanne erhitzen. Zimtstange, Sternanis und Nelken darin bei starker Hitze 1 Min. anbraten. Das Fleisch hineingeben und 3–5 Min. rundherum braun anbraten, bis sich die Poren geschlossen haben.

4. Etwa 1/2 l Wasser angießen (das Fleisch soll gerade bedeckt sein), Palmzucker, helle Sojasauce und Salz hinzufügen und zugedeckt bei mittlerer Hitze etwa 15–20 Min. köcheln lassen.

5. Inzwischen das süßsaure Gemüse zubereiten: Vom Chinakohl die Blätter ablösen, waschen und gut abtropfen lassen. Die Blätter in 2 cm breite Streifen schneiden. Mit 1/8 l Wasser, Salz, Zucker und Reisessig in einen Topf geben und 10 Min. zugedeckt bei mittlerer Hitze garen.

6. Das Fleisch aus der Sauce heben und mit dem Chinakohlgemüse auf einer Platte anrichten.

GARNIEREN: mit Sternanis

GETRÄNK: Wasser, Rotwein

VARIANTE: Für das Gemüse können Sie statt des grünen Chinakohls auch Weißkohl verwenden.

TIPP!

Das süßsaure Kohlgemüse gibt es im Asienladen aber auch vakuumverpackt fertig zu kaufen. Lassen Sie sich nicht von dem etwas strengen Geruch abschrecken, warm schmeckt es ganz köstlich!

Die kleinen Bananenblattkunstwerke sind eine Selbstverständlichkeit auf Thailands Märkten.

FÜR ANFÄNGER
MILD-WÜRZIG
FÜR GÄSTE

EINWEICHEN: 1 Std.
ZUBEREITUNG: 40 Min.
PRO PORTION CA.: 420 kcal

FÜR 2 PERSONEN:

10 g getrocknete Morcheln (Mu-Err-Pilze)
20 g lange, schmale Reisnudeln
100 g Schweinefilet
3 Thai-Frühlingszwiebeln (S. 161)
50 g Sojasprossen
1 Knoblauchzehe
4 EL Öl
2 Eier
2 EL helle Sojasauce
1 EL Fischsauce
2 EL Austernsauce
1/2 TL Zucker

Gebratene Reisnudeln mit Schweinefilet

PHADWUNSENGABNÜAMU

1. Die Reisnudeln 1 Std. in kaltem Wasser einweichen. Morcheln 30 Min. in kaltem Wasser einweichen. Nudeln in ein Sieb abgießen. Mit der Küchenschere in 5 cm lange Stücke schneiden.

2. Fleisch quer zur Faser in feine Streifen schneiden. Frühlingszwiebeln putzen und schräg in 2 cm lange Stücke schneiden. Sojasprossen abbrausen, abtropfen lassen. Knoblauch schälen und fein hacken. Die Morcheln abgießen, in Streifen schneiden.

3. Im Wok oder in einer schweren tiefen Pfanne 2 EL Öl erhitzen. Die Eier hineinschlagen, das Eigelb etwas im Eiweiß verrühren, die Eier bei mittlerer Hitze beidseitig je 2 Min. braten, zur Seite schieben oder herausnehmen.

4. Das restliche Öl im Wok erhitzen und den Knoblauch darin goldgelb anbraten. Das Fleisch dazugeben und unter Rühren 2 Min. braten. Das Ei mit dem Holzspatel etwas zerteilen, unter das Fleisch mischen.

5. Reisnudeln, Morcheln und Sprossen hinzufügen. Alles mit Sojasauce, Fischsauce, Austernsauce und Zucker würzig abschmecken, gründlich durchmischen. Die Frühlingszwiebeln unterrühren, alles noch 1 Min. braten und heiß servieren.

GARNIEREN: Etwas vom grünen Teil der Frühlingszwiebeln fein gehackt über das fertige Gericht streuen.

GETRÄNK: Wasser, Bier

VARIANTE: Statt Reisnudeln Glasnudeln verwenden.

FÜR ANFÄNGER
DEFTIG
AUS BANGKOK

EINWEICHEN: 1 Std.
ZUBEREITUNG: 40 Min.
PRO PORTION CA.: 645 kcal

FÜR 4 PERSONEN:

400 g kurze breite Reisnudeln
200 g Schweinefleisch (am besten Halsgrat ohne Knochen)
2 EL Fischsauce
1 Knoblauchzehe
300 g *kana*-Blätter (S. 160)
4 EL Öl
4 Eier
4 EL Austernsauce
2 TL Palmzucker
3 EL helle Sojasauce
1 TL dunkle Sojasauce

Zum Nachwürzen:

1 kleine rote Chilischote
2 EL Fischsauce
1 TL Zitronensaft

Gebratene Nudeln mit Kana-Blättern

PADSIUW

1. Die Nudeln 1 Std. in kaltem Wasser einweichen. Fleisch waschen, mit Küchenpapier trockentupfen und in feine Streifen schneiden. In einer Schüssel mit der Fischsauce mischen. Zugedeckt ziehen lassen, bis alle anderen Zutaten vorbereitet sind.

2. Knoblauch schälen und fein hacken. *Kana*-Blätter waschen, abtropfen lassen und in schmale Streifen schneiden.

3. Im Wok oder in einer schweren tiefen Pfanne 2 EL Öl erhitzen. Die Eier hineinschlagen, das Eigelb etwas im Eiweiß verrühren, die Eier bei mittlerer Hitze beidseitig je 2 Min. braten, zur Seite schieben oder herausnehmen.

4. Das restliche Öl im Wok erhitzen und den Knoblauch darin goldgelb anbraten. Das Fleisch dazugeben und unter Rühren etwa 3 Min. braten. Das Ei mit dem Holzspatel etwas zerteilen und mit dem Fleisch mischen. Die *kana*-Blätter unterrühren und etwa 2 Min. mitbraten.

5. Die Nudeln abgießen, abtropfen lassen und in den Wok geben. In 2–3 Min. unter Rühren erwärmen. Alles mit Austernsauce, Palmzucker, heller und dunkler Sojasauce würzen und gut durchmischen. Nudeln in Schälchen verteilen.

6. Die Chilischote waschen, putzen und fein hacken, mit der Fischsauce und dem Zitronensaft verrühren. Separat in einem Schälchen zum Nachwürzen servieren.

GARNIEREN: Zitronenscheiben mit ein paar Chiliringen belegen und die Nudeln damit garnieren.

GETRÄNK: Wasser, Bier

VARIANTE: Schmeckt auch mit Hähnchen- oder Putenfleisch.

FÜR ANFÄNGER
MILD-WÜRZIG
AUS BANGKOK

EINWEICHEN: 1 Std.
ZUBEREITUNG: 35 Min.
PRO PORTION CA.: 590 kcal

FÜR 4 PERSONEN:

400 g kurze breite Reisnudeln
300 g Schweinefilet
200 g Brokkoliröschen
2 Knoblauchzehen
4 EL Öl
1 EL dunkle Sojasauce
3 EL Austernsauce
3 EL Fischsauce
2 TL Zucker
2 EL Tapiokamehl (S. 161)
weißer Pfeffer

Gebratene Nudeln mit Schweinefilet und Brokkoli

RADNA

1. Reisnudeln 1 Std. in kaltem Wasser einweichen. Das Fleisch in feine Streifen schneiden. Die Brokkoliröschen waschen, abtropfen lassen und längs in 2 mm dünne Scheiben schneiden. Knoblauch schälen und im Mörser fein zerreiben.

2. Die Nudeln abgießen und gut abtropfen lassen. In einer Pfanne 2 EL Öl erhitzen. Die Nudeln mit der dunklen Sojasauce hineingeben und unter Rühren 2–3 Min. braten, bis sie weich sind.

3. In einer zweiten Pfanne im restlichen Öl den Knoblauch kurz anbraten. Das Fleisch hinzufügen und unter Rühren 3–4 Min. garen. Mit Austernsauce, Fischsauce und Zucker würzen. Den Brokkoli unterrühren und etwa 3 Min. mitbraten, bis er knapp gar, aber noch richtig knackig ist.

4. Das Tapiokamehl mit $^1/_8$ l Wasser anrühren, untermischen und kurz weitergaren, bis die Sauce etwas andickt.

5. Die Nudeln auf einer Platte anrichten, das gebratene Fleisch mit dem Brokkoli darauf geben und mit etwas weißem Pfeffer übermahlen.

GARNIEREN: Die durch die dunkle Sojasauce braunen Nudeln kommen auf hellfarbigen Tellern gut zur Geltung.

GETRÄNK: Wasser, Bier

VARIANTEN: Statt Brokkoli passen auch *kana*-Blätter (S. 160), Chinakohl oder Pak-Choi (S. 160) sehr gut.

Gebratene Nudeln mit Hähnchenfleisch

PADMIH

1. Die Reisnudeln 1 Std. in kaltem Wasser einweichen. Tamarinde in $^1/_8$ l kaltem Wasser einweichen. Hähnchenfleisch kalt abwaschen, mit Küchenpapier trockentupfen und in feine Streifen schneiden. In einer Schüssel mit der Fischsauce mischen. Zugedeckt ziehen lassen.

2. Den Knoblauch schälen und fein hacken. Frühlingszwiebeln waschen, putzen und in Ringe schneiden. Die Möhre schälen, putzen und – am besten mit dem Juliennehobel – in streichholzförmige Stifte schneiden. Die Zuckerschoten waschen, putzen und schräg halbieren oder dritteln.

3. Im Wok oder in einer schweren tiefen Pfanne 2 EL Öl erhitzen. Die Eier hineinschlagen, das Eigelb etwas im Eiweiß verrühren, die Eier bei mittlerer Hitze beidseitig je 2 Min. braten, zur Seite schieben oder herausnehmen.

4. Das restliche Öl im Wok erhitzen und den Knoblauch darin goldgelb anbraten. Das Fleisch zugeben, unter Rühren 2 Min. braten. Das Ei mit dem Holzspatel etwas zerteilen und unter das Fleisch mischen.

5. Möhrenstifte und Zuckerschoten dazugeben und 2 Min. anbraten. Mit der Austernsauce und der Sojasauce würzen. Die Tamarinde auspressen, die Flüssigkeit unterrühren, die Fasern wegwerfen.

6. Nudeln abgießen und abtropfen lassen. Mit den Frühlingszwiebeln unter das Gericht mengen, kurz heiß werden lassen.

7. Inzwischen die Chilischote waschen, putzen und fein hacken. Mit Fischsauce und Zitronensaft verrühren, in einem Schälchen zum Nachwürzen reichen.

GARNIEREN: mit Zitronenscheiben

GETRÄNK: Wasser, Bier

FÜR ANFÄNGER
WÜRZIG
ALLTAGSGERICHT

EINWEICHEN: 1 Std.
ZUBEREITUNG: 35 Min.
PRO PORTION CA.: 655 kcal

FÜR 4 PERSONEN:

- 400 g lange, schmale Reisnudeln
- 20 g gepresste Tamarinde
- 250 g Hähnchenbrustfilet
- 2 EL Fischsauce
- 2–3 Knoblauchzehen
- 1 Bund Thai-Frühlingszwiebeln (S. 161)
- 1 Möhre | 100 g Zuckerschoten
- 3 EL Öl | 4 Eier
- 6 EL Austernsauce
- 4 EL helle Sojasauce

Für den Dip:

- 1 kleine rote Chilischote
- 2 EL Fischsauce
- 1 TL Zitronensaft

Den gebratenen Reis können Sie mit allen Fleisch- und Gemüsesorten, die sich zum Kurzbraten eignen, zubereiten.

FÜR ANFÄNGER
MILD
ALLTAGSGERICHT

ZUBEREITUNG: 1 Std. (mit Reis vom Vortag 25 Min.)
PRO PORTION CA.: 475 kcal

FÜR 4 PERSONEN:

- 300 g Duftreis (oder 500 g gekochter Reis vom Vortag)
- 250 g Schweinefleisch (Halsgrat, Schnitzelfleisch, Filet)
- 2 Knoblauchzehen
- 1 Bund Thai-Frühlingszwiebeln (S. 161)
- 3 EL Öl
- 2 Eier
- 4 EL Austernsauce
- 2 EL helle Sojasauce

Für den Dip:

- 2 kleine rote Chilischoten
- 2 EL Fischsauce
- 1 TL Zitronensaft

Gebratener Reis

KAOPAD

1. Den (ungegarten) Reis in einem Sieb gründlich kalt abspülen und abtropfen lassen. Mit 450 ml Wasser in einem Topf zum Kochen bringen. Einmal umrühren und zugedeckt bei schwacher Hitze 15 Min. garen. Den Reis auf einem großen Teller verteilen, damit er schnell abkühlt.

2. Das Fleisch waschen, mit Küchenpapier trockentupfen und in feine Streifen schneiden. Knoblauch schälen und fein hacken. Frühlingszwiebeln waschen, putzen und in Ringe schneiden.

3. Im Wok oder in einer schweren tiefen Pfanne 2 EL Öl erhitzen. Die Eier hineinschlagen, das Eigelb etwas im Eiweiß verrühren, die Eier bei mittlerer Hitze beidseitig je 2 Min. braten, zur Seite schieben oder herausnehmen.

4. Das restliche Öl im Wok erhitzen, den Knoblauch darin goldgelb anbraten. Das Fleisch zugeben und unter Rühren 2 Min. braten. Das Ei mit dem Holzspatel etwas zerteilen und unter das Fleisch mischen.

5. Den kalten Reis untermischen und unter ständigem Rühren erhitzen. Austernsauce und Sojasauce hinzufügen und zum Schluss die Frühlingszwiebeln unterrühren.

6. Für den Dip die Chilischoten waschen, putzen und klein hacken. Mit der Fischsauce und dem Zitronensaft verrühren.

7. Den fertigen Reis auf einer Servierplatte anrichten. Den Dip separat in einem Schälchen zum Nachwürzen reichen.

GARNIEREN: 2 Tomaten waschen und in jeweils 6 Spalten schneiden. 1/2 Salatgurke waschen, nach Belieben schälen und in dünne Scheiben schneiden. Den Rand der Servierplatte mit Tomatenspalten und Gurkenscheiben belegen, den Reis in der Mitte aufhäufen. Die Zitrone heiß waschen und abtrocknen, in Schnitze schneiden und den Reis damit garnieren.

GETRÄNK: Wasser, Bier

VARIANTEN: Es eignen sich auch in Streifen geschnittenes Kalbfleisch, Rinderfilet oder -hüfte, Lammrückenfilet, Hähnchenbrustfilet und Putenbrust. Und was das Gemüse anbelangt – wählen Sie ganz nach Geschmack und saisonalem Angebot.

TIPP!

Es wird manchmal behauptet, dass frisch gekochter Reis zum Braten ungeeignet sei. Das stimmt nicht! Er muss allerdings vor dem Braten vollständig abgekühlt sein, und Sie sollten die Würzsaucen erst zum Schluss, also nicht bereits mit dem Gemüse unterrühren.

FÜR ANFÄNGER
MILD
FÜR FESTE

ZUBEREITUNG: 35 Min.
BEI 4 PERSONEN PRO PORTION CA.: 415 kcal

FÜR 2–4 PERSONEN:

- 400 g Hähnchenbrustfilet
- 6 EL Fischsauce
- 100 g Bambusgemüse (siehe Tipp)
- 100 g Zuckerschoten
- 1 rote Paprikaschote
- 1 Dose Kokosmilch (400 g), nicht geschüttelt
- 1 gestrichener EL rote Currypaste (Rezept S. 64 oder fertig gekauft)
- 1 Prise Zucker
- 20 Blätter Thai-Basilikum *(bai horapha)*

Rotes Hähnchencurry mit Bambus

GEANGPHEDGAI

1. Das Hähnchenfleisch kalt abwaschen, mit Küchenpapier trockentupfen, in Streifen schneiden und in einer Schüssel mit der Fischsauce mischen. Zugedeckt 10 Min. marinieren.

2. Inzwischen das Bambusgemüse in Streifen schneiden. Zuckerschoten waschen, putzen und schräg halbieren. Die Paprikaschote waschen, vierteln, putzen und in feine Querstreifen schneiden.

3. Das dickflüssige obere Drittel der Kokosmilch im Wok oder in einer schweren tiefen Pfanne aufkochen. Die Currypaste einrühren, 2–3 Min. köcheln lassen. Das Fleisch darin 2 Min. unter Rühren anbraten. Das Bambusgemüse und restliche Kokosmilch dazugeben, alles 4–5 Min. köcheln lassen, bis das Fleisch weich ist.

4. Zuckerschoten und Paprikastreifen hinzufügen und alles noch 1 Min. köcheln lassen. Mit Zucker abschmecken. Basilikumblätter waschen und trockenschütteln, vor dem Servieren unter das Curry rühren.

GARNIEREN: mit Basilikumsträußchen und Chiliblüten (siehe Garniertipp Seite 123)

GETRÄNK: Wasser, Rotwein

TIPP!

Bambusgemüse bekommen Sie im Asienladen in Zellophan abgepackt; am besten schmecken die Spitzen.

FÜR GEÜBTE
NUSSIG-SCHARF
AUS BANGKOK

ZUBEREITUNG: 30 Min.
MARINIEREN: 30 Min.
BEI 4 PERSONEN PRO PORTION CA.: 275 kcal

FÜR 2–4 PERSONEN:

- 400 g Schweinefleisch (Halsgrat, Schnitzelfleisch)
- Saft von 2 Zitronen
- 2 EL Fischsauce
- 2 EL Austernsauce
- 1 TL Zucker
- 100 g frischer Ingwer
- 5 rote Chilischoten (etwa 8 cm lang)
- 2 Knoblauchzehen
- 1 Bund Thai-Frühlingszwiebeln (S. 161)
- 3 Stängel Koriander
- 2 EL Öl
- 100 geröstete, gesalzene Cashewkerne
- 2 EL helle Sojasauce

Gebratenes Ingwer-Fleisch

PHADNÜAGABKHING

1. Das Fleisch waschen, mit Küchenpapier trockentupfen und in Streifen schneiden. In einer Schüssel mit Zitronensaft, Fischsauce und Zucker mischen. Zugedeckt 30 Min. marinieren.

2. Inzwischen den Ingwer schälen, erst quer in Scheiben, dann diese in Stifte schneiden. Ingwerstifte in kaltem Wasser einweichen, um ihnen die Schärfe zu nehmen. Chilischoten waschen, jeweils am Stielende fassen und mit einem scharfen Messer vom Körper weg unter gleichmäßigem Drehen feine Ecken abschneiden (siehe auch Kochtechnik Seite 17). Wer es nicht zu scharf liebt, entfernt dabei die Samen teilweise oder vollständig.

3. Knoblauch schälen und fein hacken. Frühlingszwiebeln putzen und schräg in 2 cm Stücke schneiden. Koriander waschen und trockenschütteln, Blättchen abzupfen.

4. Eine beschichtete Pfanne erhitzen und das marinierte Fleisch darin ohne Zugabe von Fett unter ständigem Rühren 5 Min. braten. Herausnehmen und warm halten.

5. Das Öl in der Pfanne erhitzen, den Knoblauch darin goldgelb braten. Cashewkerne 1 Min. mitbraten. Das Fleisch wieder in die Pfanne geben, Ingwer und Chilis hinzufügen und 3 Min. braten. Mit der Sojasauce würzen, Frühlingszwiebeln und Korianderblättchen unterrühren, 1 Min. unter Rühren braten.

GARNIEREN: 1 EL Cashewkerne zurückbehalten, grob hacken und über das fertige Gericht streuen.

GETRÄNK: Wasser, Bier, Rotwein

VARIANTE: Das Ingwer-Fleisch schmeckt auch mit Lamm- oder Rindfleisch fein.

TIPP!

Wer es noch milder liebt, entfernt alle Chilisamen und legt die geschnittenen Chilischoten für 1 Min. in kaltes Wasser.

Zwei beliebte Klassiker unter den Thai-Currys, die auch Küchenneulinge spielend hinbekommen.

FÜR ANFÄNGER
MILD
AUS SÜDTHAILAND

ZUBEREITUNG: 35 Min.
BEI 4 PERSONEN PRO PORTION CA.: 290 kcal

FÜR 2–4 PERSONEN:

400 g Hähnchenbrustfilet
4 EL Fischsauce
200 g *kana*-Blätter (S. 160)
150 g Sojasprossen
1 rote Paprikaschote
2 Knoblauchzehen
2 EL Öl
1 EL mildes Currypulver
1 TL Palmzucker
100 g Kokosmilch
3 EL helle Sojasauce
50 g scharfes Basilikum *(bai kaprau)*

Hähnchencurry mit scharfem Basilikum

KAIPADPONGKARI

1. Das Hähnchenfleisch kalt abwaschen, mit Küchenpapier trockentupfen, in Streifen schneiden und in einer Schüssel mit der Fischsauce mischen. Zugedeckt 10 Min. marinieren.

2. Inzwischen die *kana*-Blätter waschen, abtropfen lassen und schräg in 3 cm breite Streifen schneiden. Sojasprossen abbrausen und abtropfen lassen. Paprikaschote vierteln, putzen, waschen und quer in feine Streifen schneiden. Den Knoblauch schälen und fein hacken.

3. Im Wok oder in einer schweren tiefen Pfanne das Öl erhitzen und den Knoblauch darin goldgelb anbraten. Hähnchenfleisch und Currypulver hinzufügen und 2–3 Min. unter Rühren braten.

4. Zucker und Kokosmilch unterrühren, alles wieder zum Kochen bringen. *kana*-Blätter, Sojasprossen und Paprikastreifen untermischen, mit der Sojasauce würzen. 2 Min. bei mittlerer Hitze köcheln lassen.

5. Das Basilikum waschen und trockenschütteln. Die Blätter abzupfen und kurz vor dem Servieren unter das Hähnchencurry rühren.

GARNIEREN: Das Curry in eine längliche Servierschale füllen. 3 rote Paprikaringe auflegen und jeweils mit einigen Sojasprossen füllen.

GETRÄNK: Wasser, Weißwein

VARIANTEN: Schmeckt auch mit Lammfleisch oder Riesengarnelen sehr gut.

FÜR ANFÄNGER
SCHARF
AUS BANGKOK

ZUBEREITUNG: 30 Min.
BEI 4 PERSONEN PRO PORTION CA.: 355 kcal

FÜR 2–4 PERSONEN:

400 g Hähnchenbrustfilet
4 EL Fischsauce
5 Zitronenblätter
50 g grüne Bohnen
1 Dose Kokosmilch (200 g), nicht geschüttelt
1–2 TL *panaeng*-Currypaste
2 EL helle Sojasauce

Hähnchenfleisch mit Panaeng-Paste

PANAENGGAI

1. Das Hähnchenfleisch kalt abwaschen, mit Küchenpapier trockentupfen, in Streifen schneiden und in einer Schüssel mit der Fischsauce mischen. Zugedeckt etwa 10 Min. marinieren.

2. Zitronenblätter waschen und in sehr feine Streifen schneiden. Die grünen Bohnen waschen und putzen, eventuelle Fäden entfernen. Bohnen schräg in dünne Scheiben schneiden.

3. 2 EL vom dickflüssigen oberen Teil der Kokosmilch in der Pfanne erhitzen und 2 Min. köcheln lassen. Die Currypaste einrühren und 2–3 Min. darin anbraten. Das Fleisch hinzufügen und unter Rühren 4–5 Min. braten.

4. Die restliche Kokosmilch verrühren und zugießen und alles wieder zum Kochen bringen. Zitronenblätter und Bohnen hinzufügen, mit der Sojasauce würzen. Noch 3 Min. bei mittlerer Hitze köcheln lassen.

GARNIEREN: mit Zitronenblättern

GETRÄNK: Wasser, Bier

VARIANTE: Wer mag, kann vor dem Servieren eine Hand voll Thai-Basilikumblätter *(bai horapha)* unterrühren.

Beim folgenden Gericht kommen Chilifans voll auf ihre Kosten …

Hähnchenfleisch mit Austernpilzen

KAPRAUGAI

FÜR ANFÄNGER
SEHR SCHARF
KLASSIKER

ZUBEREITUNG: 40 Min.
BEI 4 PERSONEN PRO PORTION CA.: 200 kcal

FÜR 2–4 PERSONEN:

- 400 g Hähnchenfleisch (oder Putenfleisch)
- 100 g Austernpilze
- 1 Bund Thai-Frühlingszwiebeln (S. 161)
- 4–6 kleine rote Chilischoten
- 4 Knoblauchzehen
- 50 g scharfes Basilikum *(bai kaprau)*
- 2 EL Öl
- 2 EL Austernsauce
- 3 EL helle Sojasauce
- 1 EL Fischsauce
- 1 Prise Zucker

1. Das Geflügelfleisch kalt abwaschen, mit Küchenpapier trockentupfen und in Streifen schneiden. Pilze putzen, eventuell mit Küchenpapier abreiben (nicht waschen!). Frühlingszwiebeln waschen, putzen und schräg in 3 cm lange Stücke schneiden.

2. Chilischoten waschen, putzen und klein schneiden. Knoblauch schälen, hacken und im Mörser grob zerstampfen. Das Basilikum waschen und trockenschütteln, die Blätter abzupfen.

3. Das Öl im Wok oder in einer schweren tiefen Pfanne erhitzen und den Knoblauch darin goldgelb anbraten. Das Fleisch hinzufügen und unter ständigem Rühren bei starker Hitze in etwa 3 Min. anbraten.

4. Austernpilze und Chilis unterrühren und 2–3 Min. mitbraten. Die Frühlingszwiebeln zugeben und alles noch 1 Min. braten. Das Gericht mit Austernsauce, Sojasauce, Fischsauce und Zucker würzen, die Basilikumblätter unterrühren.

GARNIEREN: Etwas vom grünen Teil der Frühlingszwiebeln zurücklegen und fein gehackt über das fertige Gericht streuen.

GETRÄNK: Wasser, Bier

VARIANTEN: Sie können statt der Austernpilze auch Champignons, Egerlinge, Pfifferlinge oder Steinpilze verwenden.

Ente mit Ingwer und Ananas

PETRADNAMSABPAROD

FÜR GEÜBTE
FRUCHTIG
AUS OSTTHAILAND

ZUBEREITUNG: 50 Min.
BEI 6 PERSONEN PRO PORTION CA.: 485 kcal

FÜR 4–6 PERSONEN:

- 3 Entenbrüste (1 kg)
- 150 g frischer Ingwer
- 4 Korianderwurzeln
- 4 Knoblauchzehen
- 10 weiße Pfefferkörner
- 1/2 TL Salz
- 4 EL helle Sojasauce
- 1 EL Mekong-Whiskey
- 2 EL Öl

Für die Sauce:

- 1 mittelgroße Ananas (etwa 800 g)
- 2 Tomaten
- 1 TL helle Sojasauce
- 1/2 TL Salz
- 1 EL Tapiokamehl (S. 161)

1. Entenbrüste kalt abwaschen und mit Küchenpapier trockentupfen. Die Haut entfernen, das Fleisch in 3 mm dünne Scheiben schneiden. Ingwer schälen und fein hacken, in einer Schüssel mit dem Fleisch vermischen.

2. Die Korianderwurzeln waschen und klein schneiden. Knoblauch schälen und hacken. Beides mit Pfefferkörnern und Salz im Mörser fein zerstampfen. Sojasauce und Whiskey unterrühren. Die Paste sorgfältig unter das Fleisch mischen und es 20 Min. zugedeckt ziehen lassen.

3. Inzwischen aus der Ananas längs 2 etwa 2 cm breite Keile mit Schopf herausschneiden und für die Dekoration beiseite legen. Die übrige Ananas schälen und den harten Strunk entfernen (siehe auch die Beschreibung auf Seite 19). Aus dem Fruchtfleisch 8 mundgerechte Stücke schneiden und ebenfalls beiseite legen, den Rest klein würfeln. Die Tomaten waschen und in kleine Würfel schneiden, den Stielansatz dabei entfernen.

4. Das Öl in einer Pfanne erhitzen und das Fleisch darin etwa 5 Min. bei starker Hitze unter Rühren braten. Wenn der Fleischsaft klar wird, ist das Entenfleisch gar. Herausnehmen und warm halten.

5. Die Pfanne wieder erhitzen. Ananas- und Tomatenwürfel darin 3 Min. anbraten. 1/8 l Wasser angießen, Sojasauce und Salz zufügen. Tapiokamehl mit 2 EL kaltem Wasser anrühren, unterrühren, die Sauce 1 Min. köcheln lassen, bis sie leicht andickt.

6. Die beiseite gelegten Ananaskeile am Rand einer ovalen Platte platzieren. Das gebratene Entenfleisch auf der Platte anrichten, die Ananassauce darüber verteilen und mit den zurückgelegten 8 Ananasstücken garnieren.

GARNIEREN: Eine »Paprika-Ente« (Anleitung Seite 155) an den Plattenrand setzen.

GETRÄNK: Weißwein

VARIANTEN: Sie können auch Hähnchenbrustfilet oder Fischfilet (gart in nur etwa 3 Min.) auf diese Weise zubereiten.

Entengerichte schmecken zwar fein, sie gelten in Thailand aber als Unglücksbringer. Daher sind Speisen mit Ente beispielsweise bei Hochzeitsfeiern tabu.

FÜR GEÜBTE
FRUCHTIG-MILD
FÜR GÄSTE

ZUBEREITUNG: 1 Std. 10 Min.
MARINIEREN: 30 Min.
BEI 6 PERSONEN PRO PORTION CA.: 500 kcal

FÜR 4–6 PERSONEN:

4 Korianderwurzeln
3 Knoblauchzehen
10 weiße Pfefferkörner
2 EL helle Sojasauce
1 EL dunkle, süße Sojasauce
3 Entenbrüste (etwa 1 kg)
12 Litchis
12 Kirschtomaten
6 Thai-Frühlingszwiebeln (S. 161)
3 EL *taujiau* (eingelegte gelbe Bohnen aus dem Glas; S. 161)

Entenbrust mit Litchis und Tomaten

PETOBNAMSEIW

1. Korianderwurzeln waschen und klein schneiden. Den Knoblauch schälen und hacken. Beides mit den Pfefferkörnern im Mörser fein zerstampfen. Helle und dunkle Sojasauce unterrühren.

2. Entenbrüste kalt abwaschen und mit Küchenpapier trockentupfen. Die Brüste mit der Hautseite nach oben in die Fettpfanne des Backofens legen und die Marinade auf der Haut verteilen. Zugedeckt 30 Min. ziehen lassen.

3. Den Backofen auf 220° vorheizen. Eine ofenfeste Bratpfanne ohne Zugabe von Fett erhitzen. Die Entenbrüste mit der Hautseite nach unten hineinlegen und 3 Min. goldbraun anbraten.

4. Die Entenbrüste mit der Hautseite nach oben in die Fettpfanne legen und im Backofen (Mitte, Umluft 200 °C) etwa 20 Min. braten. (Die Bratpfanne nicht auswaschen, das ausgebratene Entenfett wird später noch gebraucht!)

5. Inzwischen die Litchis schälen und entsteinen, Tomaten waschen. 1/8 l Wasser zu den Entenbrüsten gießen, Litchis und Tomaten um das Fleisch herum verteilen. Alles weitere 20 Min. braten.

6. Die Entenbrüste aus dem Backofen nehmen und 10 Min. ruhen lassen. Inzwischen die Frühlingszwiebeln waschen, putzen und fein schneiden. Die Pfanne mit dem Entenbratfett wieder erhitzen und die Frühlingszwiebeln darin anbraten. Die eingelegten Bohnen und den Bratensaft aus der Fettpfanne dazugeben und 1 Min. köcheln lassen.

7. Das Entenfleisch in etwa 3 mm dünne Scheiben schneiden und auf einer angewärmten Platte anrichten. Die Frühlingszwiebeln darauf verteilen, Litchis und Tomaten darauf anrichten.

GARNIEREN: Je 3 Tomaten und geschälte Litchis zurücklegen und nicht mitbraten. Litchis oben zweimal kreuzförmig so einschneiden, dass die Frucht unten noch zusammenhält. Die Frucht blütenförmig auseinander drücken und den Stein entfernen. Die »Litchi-Blüten« an den Rand der Platte setzen, je 1 Tomate in der Mitte platzieren.

GETRÄNK: Wasser, Rotwein

VARIANTE: Statt mit Entenbrust kann man das Gericht auch mit Lammfleisch (Keule oder Rücken) zubereiten.

Guavenverkäuferinnen warten auf Kundschaft.

NET 13.5 FL. OZ.

Vegetarisches

Gebraten, geschmort und gedämpft

FÜR ANFÄNGER
MILD
AUS UBON

ZUBEREITUNG: 40 Min.
BEI 4 PERSONEN PRO PORTION CA.: 120 kcal

FÜR 2–4 PERSONEN:

- 10 g gepresste Tamarinde
- je 1 rote oder gelbe Paprikaschote
- 3 Frühlingszwiebeln
- Mittelrippen von 8 Chinakohlblättern (siehe Tipp)
- 2 Knoblauchzehen
- 3 Tomaten
- 2 TL Palmzucker
- 3 EL helle Sojasauce
- 3 EL Öl
- 2 EL Austernsauce

Im Wok gebratenes Gemüse – ein thailändisches Thema mit unzähligen Variationen.

Gebratenes Gemüse mit Tamarindensauce

PHADPHAGGABNAMMAKHAM

1. Die Tamarinde für 10 Min. in 8 EL kaltem Wasser einweichen. Inzwischen die Paprikaschoten halbieren, putzen, waschen und in 1 cm große Würfel oder Rauten schneiden. Frühlingszwiebeln waschen, putzen und schräg in 2 cm lange Stücke schneiden. Chinakohlrippen in ebenso große Stücke schneiden. Den Knoblauch schälen und fein hacken.

2. Tomaten waschen und klein würfeln, die Stielansätze dabei entfernen. Die Hälfte davon in einem Topf erhitzen. Die Tamarinde gut auspressen, die Flüssigkeit in den Topf geben, die Fasern wegwerfen. Palmzucker und Sojasauce hinzufügen und die Sauce bei mittlerer Hitze in etwa 5 Min. sämig einkochen.

3. Das Öl im Wok oder in einer schweren tiefen Pfanne erhitzen und den Knoblauch darin goldgelb anbraten. Das vorbereitete Gemüse bis auf die Tomaten dazugeben und 2–3 Min. unter ständigem Rühren braten. Austernsauce und restliche Tomaten dazugeben, alles noch 1 Min. weiterbraten. Die süßsaure Sauce aus dem Topf zum Gemüse geben und unterrühren.

GARNIEREN: Wenn Sie bei der Wahl der Gemüsesorten auf eine bunte Mischung achten – siehe auch die Vorschläge rechts oben –, erübrigt sich jede weitere Garnitur.

GETRÄNK: Wasser, Bier, Weißwein

VARIANTEN: Sie können natürlich auch andere Gemüsesorten verwenden, beispielsweise 2 in feine Stifte geschnittene Möhren, 1 rote Paprikaschote und 100 g Thai-Spargel (S. 161) oder 3 Frühlingszwiebeln, 1 gelbe Paprikaschote und 100 g in feine Scheiben geschnittene Brokkoliröschen oder 250 g in Streifen geschnittenen Spinat, 100 g geputzte Shiitake-Pilze und 3 Frühlingszwiebeln oder 200 g schräg halbierte Zuckerschoten, 2 in feine Stifte geschnittene Möhren und 100 g Mais.

TIPP!

Dieses gebratene Gemüse lässt sich gut mit den Garnelen im Chinakohlblatt (Rezept Seite 49) kombinieren, bei dem die Rippen ohnehin übrig bleiben.

Die Süße von reifer Ananas gibt dem Wokgemüse einen unwiderstehlich frisch-fruchtigen Geschmack.

FÜR ANFÄNGER
MILD
VON DEN SAMED-INSELN

ZUBEREITUNG: 40 Min.
BEI 4 PERSONEN
PRO PORTION CA.: 175 kcal

FÜR 2–4 PERSONEN:

2 Möhren
4 Tomaten
2 Zwiebeln
1 Knoblauchzehe
1 reife Ananas (etwa 800 g, ergibt etwa 500 g Fruchtfleisch)
3 EL Öl
3 EL Austernsauce
2 EL helle Sojasauce
$^{1}/_{2}$ TL Palmzucker

Gebratenes Gemüse mit Ananas

PHADPAGPLIAWWAN

1. Möhren schälen, längs halbieren und in feine Scheiben schneiden. Die Tomaten waschen, längs vierteln und noch einmal quer durchschneiden, die Stielansätze dabei entfernen. Zwiebeln schälen, ebenfalls längs vierteln und quer halbieren. Knoblauch schälen und fein hacken.

2. Die Ananas schälen und die »Augen« herausschneiden, die Frucht längs vierteln und den harten Strunk entfernen (siehe auch die Beschreibung auf Seite 19). Das Ananasfruchtfleisch in 1–2 cm große Würfel schneiden.

3. Das Öl im Wok oder in einer schweren tiefen Pfanne erhitzen und den Knoblauch darin goldgelb anbraten. Die Möhrenscheiben hinzufügen und 2 Min. braten. Zwiebeln, Ananaswürfel und Tomaten unterrühren und alles etwa 5 Min. braten. Das Gericht mit Austernsauce, Sojasauce und Palmzucker würzen.

GARNIEREN: Korianderblättchen oder in sehr feine Ringe geschnittenes Frühlingszwiebelgrün darüber streuen.

GETRÄNK: Wasser, Weißwein

VARIANTEN: Zu Ananas passen auch rote Paprikaschoten, Frühlingszwiebeln, junger Weißkohl, Spitzkohl sowie in Scheiben geschnittene (von den Samen befreite) Salatgurken.

FÜR ANFÄNGER
WÜRZIG
ALLTAGSGERICHT

ZUBEREITUNG: 40 Min.
BEI 4 PERSONEN
PRO PORTION CA.: 125 kcal

FÜR 2–4 PERSONEN:

30 g frischer Ingwer
1 Zwiebel
1 kleine Tomate
500 g Pak-Choi (S. 160)
2 Möhren
100 g Sojasprossen
2 Knoblauchzehen
2 EL Öl
10 g Palmzucker
3 EL Zitronensaft
3 EL helle Sojasauce
2 EL Fischsauce

Gedünstetes Gemüse mit Ingwersauce

PAGTOMRADNAMKHING

1. Ingwer schälen und fein reiben oder hacken. Die Zwiebel schälen und klein würfeln. Die Tomate waschen und in kleine Stückchen schneiden, den Stielansatz dabei entfernen. Pak-Choi in die einzelnen Blätter zerteilen, diese putzen, waschen und gut abtropfen lassen. Blätter jeweils längs halbieren oder dritteln und quer in 2 cm breite Streifen schneiden.

2. Die Möhren schälen und – am besten mit dem Juliennehobel – in streichholzförmige Stifte schneiden. Sojasprossen abbrausen und gut abtropfen lassen. Den Knoblauch schälen und fein hacken.

3. Im Wok oder in einer schweren tiefen Pfanne 1 EL Öl erhitzen, Ingwer und Zwiebeln darin 1 Min. anbraten. Die Tomate unterrühren und mit Zucker, Zitronensaft, Sojasauce und Fischsauce würzen.

4. Alles 2 Min. unter Rühren schmoren, im Wok zur Seite schieben oder aus der Pfanne nehmen. 1 EL Öl erhitzen und den Knoblauch darin goldgelb anbraten.

5. Die Möhren hinzufügen und 2 Min. bei mittlerer Hitze unter ständigem Rühren anbraten. Pak-Choi und Sojasprossen unterrühren, 2–3 Min. mitbraten.

6. Alles mit der Ingwer-Tomaten-Sauce vermischen und noch kurz weiterdünsten, bis das Gemüse gar, aber noch bissfest ist. In eine Schüssel geben und servieren.

GARNIEREN: 1 Frühlingszwiebel putzen und in feine Scheiben schneiden. In 1 EL heißem Öl 1 Min. scharf anbraten. Über das Gemüse verteilen.

GETRÄNK: Wasser, Bier, Weißwein

VARIANTEN: Zur Ingwersauce passen auch Austernpilze oder Thai-Spargel, Wasserspinat bzw. *kana*-Blätter (alles S. 160/161).

FÜR GEÜBTE
SAHNIG-SCHARF
AUS ISAN

ZUBEREITUNG: 45 Min.
BEI 4 PERSONEN PRO PORTION CA.: 85 kcal

FÜR 2–4 PERSONEN:

Für die Würzpaste:

- 1 Stängel Zitronengras
- 3 Thai-Schalotten
- 3 Knoblauchzehen
- 3 getrocknete Chilischoten
- 1/3 TL Salz
- 1/3 TL Zucker

Für das Gemüse:

- 400 g Bambusspitzen (Dose)
- 4 kleine Zucchini mit Blüten
- 100 g Austernpilze
- 20 *yanang*-Blätter (S. 161)
- 1 Dose Kokosmilch (400 g), nicht geschüttelt
- 4 EL helle Sojasauce
- 2 EL Fischsauce
- 1/3 TL Salz
- 1/3 TL Zucker
- 1 Hand voll Lao-Basilikumblätter *(bai mänglag)*

Die Thailand verwendet man statt Zucchiniblüten Kürbisblüten, die nicht nur dekorativ aussehen, sondern auch ein feines Aroma besitzen.

Bambus und Zucchini in Kokossauce

GANGNAMAI

1. Für die Würzpaste das Zitronengras von äußeren harten Blättern befreien, das untere weiche Drittel klein schneiden und in den Mörser geben. Den Rest in Stücke schneiden und beiseite legen. Schalotten und Knoblauch schälen, hacken. Beides zum Zitronengras geben und mit den Chilischoten, Salz und Zucker zu einer feinen Paste zerreiben.

2. Die Bambusspitzen in ein Sieb abgießen und kalt abbrausen. Das Gemüse in etwa 3 cm große Stücke schneiden und diese mit dem Schaft des Messers etwas weich klopfen (dadurch dringen die Aromen besser in den Bambus ein).

3. Von den Zucchini die Blüten abschneiden und beiseite legen. Zucchini waschen, putzen und in Scheiben schneiden. Austernpilze putzen, eventuell mit Küchenpapier abreiben (nicht waschen!) und quer in Streifen schneiden.

4. Die *yanang*-Blätter waschen und grob zerkleinern. Mit 1/8 l Wasser verrühren, die Mischung in ein feines Haarsieb gießen und sehr gut auspressen, den grünen Extrakt auffangen.

5. In einem Topf 3 EL vom dickflüssigen oberen Teil der Kokosmilch 2 Min. aufkochen. Die Würzpaste und das restliche Zitronengras hinzufügen und 2–3 Min. anbraten. Übrige Kokosmilch, den grünen *yanang*-Extrakt, Bambusstücke, Zucchini und Austernpilze hinzufügen und mit Sojasauce, Fischsauce, Salz und Zucker würzen. Alles 10 Min. bei mittlerer Hitze köcheln lassen.

6. Das Basilikum waschen, auf Küchenpapier abtropfen lassen und unter das fertige Gemüse mischen. Dieses in eine angewärmte Schale füllen und mit den Zucchiniblüten garnieren.

GARNIEREN: mit anderen essbaren Blüten etwa von Kürbis oder Kapuzinerkresse

GETRÄNK: Wasser, Rotwein

VARIANTEN: Statt mit Bambus und grünen Zucchini können Sie das Gericht auch mit Thai-Spargel und gelben Zucchini zubereiten. Oder statt der Zucchini die Körner von 2 frischen Maiskolben (etwa 200 g) verwenden.

TIPP!

Es gibt Bambus und *yanang*-Blätter als fertige Mischung in Dosen zu kaufen – eine gute Alternative, wenn Sie keine frischen *yanang*-Blätter bekommen.

FÜR GEÜBTE
FRUCHTIG-SCHARF
AUS UBON

EINWEICHEN: 1 Std.
ZUBEREITUNG: 45 Min.
PRO PORTION CA.: 730 kcal

FÜR 4 PERSONEN:

- 400 g Reisnudeln (Gluilin Rice Vermicelli)
- 1 mittelgroße Ananas (800 g, ergibt etwa 500 g Fruchtfleisch)
- 250 g Tofu
- 5 Zitronenblätter
- 1 Dose Kokosmilch (400 g), nicht geschüttelt
- 8 EL helle Sojasauce
- 4 EL Fischsauce

Für die Würzpaste:

- 20 g *krachai* (S. 160)
- 3 Thai-Schalotten
- 3 Knoblauchzehen
- 3 getrocknete Chilischoten
- 10 g Palmzucker

Nudeln mit Tofu und Ananas

KHAUNOMCHINNAMSAPRAROD

1. Die Nudeln 1 Std. in kaltem Wasser einweichen. Inzwischen für die Würzpaste den *krachai* waschen und fein hacken. Schalotten und Knoblauchzehen schälen, hacken. Alles im Mörser mit den Chilischoten und dem Palmzucker zu einer feinen Paste zerreiben.

3. Die Ananas schälen und die »Augen« herausschneiden, die Frucht längs vierteln und den Strunk entfernen (siehe auch die Beschreibung auf Seite 19). Die Hälfte davon in eine Schüssel fein raspeln, den Rest separat in kleine Stückchen schneiden. Den Tofu in $^1/_2$ cm große Würfel schneiden. Die Zitronenblätter waschen.

4. Im Wok oder in einer schweren tiefen Pfanne 2 EL vom dickflüssigen oberen Teil der Kokosmilch 2 Min. aufkochen. Die Würzpaste und die Zitronenblätter 2–3 Min. darin anbraten. Ananasraspel einrühren und die Mischung 2 Min. bei starker Hitze einkochen lassen.

5. Tofuwürfel, Ananasstückchen und die restliche Kokosmilch dazugeben, mit Sojasauce und Fischsauce würzen. 10 Min. bei mittlerer Hitze schmoren.

6. Inzwischen 1 l Wasser in einem Topf zum Kochen bringen. Die eingeweichten Nudeln durch ein Sieb abgießen, in das kochende Wasser geben und 2–3 Min. ziehen lassen. Abgießen, gut abtropfen lassen und in den Wok geben. Gut durchmischen und das Gericht heiß servieren.

GARNIEREN: Den Plattenrand mit in feine Streifen geschnittenem jungen Weißkohl und Schlangenbohnen belegen, Minzblätter darauf arrangieren. Diese »Rohkost« wird dazugegessen.

GETRÄNK: Wasser, Rotwein

VARIANTEN: Statt der Gluilin Rice Vermicelli können Sie auch Chantaboon Rice Sticks (breitere Reisnudelsorte) oder auch Spaghetti verwenden.

Nudeln mit Erdnusssauce

MIENAMTUA

FÜR ANFÄNGER
SÜSSSCHARF
ALLTAGSGERICHT

EINWEICHEN: 1 Std.
ZUBEREITUNG: 20 Min.
PRO PORTION CA.: 970 kcal

FÜR 4 PERSONEN:

400 g kurze, breite Reisnudeln
20 g gepresste Tamarinde
200 g gesalzene geröstete Erdnüsse
200 g Zwiebeln
2 EL Öl
1 Dose Kokosmilch (400 g)
25 g Palmzucker
$1/2$ TL geröstetes Chilipulver (S. 160)
6 EL helle Sojasauce
4 EL Fischsauce

1. Die Reisnudeln 1 Std. in kaltem Wasser einweichen. Die Tamarinde in $1/8$ l Wasser einweichen.

2. Von den Erdnüssen 1 EL beiseite legen, den Rest im Mörser fein zerstoßen. Die Zwiebeln schälen und klein würfeln.

3. Im Wok oder in einer schweren tiefen Pfanne 1 EL Öl erhitzen. Die Zwiebeln darin 1 Min. anbraten. Kokosmilch und die zerstoßenen Erdnüsse hinzufügen. Die Tamarinde gut auspressen, die Flüssigkeit in den Wok geben, Fasern wegwerfen. Palmzucker, Chilipulver, Sojasauce und Fischsauce unterrühren, alles etwa 10 Min. bei mittlerer Hitze köcheln lassen.

4. Inzwischen in einem Topf 1 l Wasser mit dem restlichen Öl zum Kochen bringen. Die eingeweichten Nudeln durch ein Sieb abgießen, in das kochende Wasser geben und darin 2–3 Min. ziehen lassen. Abgießen, gut abtropfen lassen und in eine angewärmte Schüssel geben.

5. Die Erdnusssauce in ein Schüsselchen füllen, die zurückgelegten Erdnüsse darauf streuen und die Sauce zu den Reisnudeln servieren.

GARNIEREN: Die Nudeln auf einer Platte anrichten. Etwas fein geschnittenen Eisbergsalat und in Julienne geschnittene Möhre darüber streuen.

GETRÄNK: Wasser, Bier

TIPP!

Wenn es schnell gehen soll: Es gibt auch Fertigmischungen für die Erdnusssauce (Saté- oder Sataysauce) zu kaufen.

Diese würzig gefüllten Bällchen sehen hübsch aus und schmecken auch kalt, sind also auch fürs kalte Buffet geeignet.

Sagobällchen mit Erdnussfüllung

SAKOSAIKAOPOD

FÜR GEÜBTE
MILD
AUS BANGKOK

ZUBEREITUNG: 1 Std. 15 Min.
PRO STÜCK CA.: 90 kcal

FÜR ETWA 40 STÜCK (6–8 PERSONEN):

400 g Sago (Tapiokaperlen)
200 g gesalzene geröstete Erdnüsse
2 frische Maiskolben
2 Stängel Koriander mit Wurzeln
1 Zwiebel (100 g)
4 Knoblauchzehen
4 EL Öl
3 EL helle Sojasauce
1/4 TL dunkle Sojasauce
1/2–1 TL Zucker
1 Prise Salz
1 Prise weißer Pfeffer

1. Die Sagoperlen in einem Sieb kalt abbrausen und in eine Schüssel geben. 200 ml Wasser zum Kochen bringen und den Sago damit übergießen. 3–5 Min. kräftig durchkneten, bis ein glatter Teig entstanden ist. Mit einem Tuch abdecken, bis die Füllung fertig zubereitet ist.

2. Die Erdnüsse im Mörser fein zerreiben oder in der Nussmühle mahlen. Maiskolben waschen, abtrocknen, die Körner wie unten beschrieben (Step 1) abschneiden.

3. Den Koriander waschen, Wurzeln, Blätter und Stiele zusammen fein hacken. Zwiebel und Knoblauch schälen und ebenfalls fein hacken.

4. Das Öl in einer Pfanne erhitzen und den Knoblauch darin goldgelb anbraten. Drei Viertel davon in ein Schälchen füllen und beiseite stellen. Zum restlichen Knoblauch die gehackten Zwiebeln geben und in etwa 3 Min. braun braten. Koriander, Mais und Erdnüsse hinzufügen und alles noch 3 Min. weiterbraten. Mit heller und dunkler Sojasauce würzen, mit Zucker, Salz und Pfeffer abschmecken.

5. Vom Sagoteig walnussgroße Stücke abnehmen, zur Kugel formen, flach drücken und wie unten beschrieben (Step 2) füllen.

6. In den Wok 5 cm hoch Wasser füllen und zum Kochen bringen. Das Gitter einsetzen. Die gefüllten Bällchen in eine hitzefeste Form geben und auf dem Gitter zugedeckt 12–15 Min. dämpfen, bis der Teig transparent wird (Step 3). Den gebratenen Knoblauch dazuservieren.

GARNIEREN: Die Sagobällchen nebeneinander auf Bananenblättern anrichten und mit dem gebratenen Knoblauch bestreuen.

GETRÄNK: Wasser, Weißwein

VARIANTEN: Sie können die Bällchen auch mit Garnelen oder Hackfleisch füllen.

1. Den Maiskolben oben fest halten. Die Körner mit einem scharfen Messer vom Körper weg abschneiden. Den Kolben dann ein Stück weiterdrehen.

2. Jede Teigkugel flach drücken, 1 TL Füllung in die Mitte geben, den Teig darüber zusammendrücken und zu einem gleichmäßigen Bällchen formen.

3. Die Sagobällchen mit etwas Abstand in eine hitzefeste Form legen und 12–15 Min. im Wasserdampf garen, bis sie durchsichtig werden.

In Daras Heimat gibt es viele Waldpilze, die auf die folgende Art zubereitet werden. Wenn Sie gerne Pilze sammeln, probieren Sie die Rezepte unbedingt damit aus.

FÜR ANFÄNGER
MILD
AUS ISAN

ZUBEREITUNG: 30 Min.
BEI 4 PERSONEN
PRO PORTION CA.: 70 kcal

FÜR 2–4 PERSONEN:

500 g Austernpilze
2 Thai-Schalotten
2 EL Zitronensaft
2 EL Fischsauce
2 EL helle Sojasauce
1/2 TL geröstetes Chilipulver (S. 160)
1/3 TL Zucker
2 Stängel Thai-Minze

Gedämpfte Austernpilze

YAMHEDNANGPHA

1. Die Austernpilze putzen, eventuell mit Küchenpapier abreiben (nicht waschen!) und quer in Streifen schneiden. Schalotten schälen, längs halbieren und in feine Spalten schneiden.

2. Im Wok 5 cm hoch Wasser zum Kochen bringen und das Gitter einsetzen. Die Pilze in eine feuerfeste Form geben und über dem Wasserdampf zugedeckt 8–10 Min. dämpfen. (Da Austernpilze ungegart ein großes Volumen haben, eventuell in zwei Portionen dämpfen.)

3. Die gedämpften Pilze in eine Schüssel füllen. Zitronensaft, Fischsauce, Sojasauce, Chilipulver und Zucker verrühren und die Pilze mit der Mischung würzen.

4. Minze waschen und trockenschütteln. Die Blätter abzupfen, nach Belieben ganz lassen oder grob zerzupfen und mit den Schalotten unter die Pilze mischen. Das Gericht warm oder kalt servieren.

GARNIEREN: Einige Tomatenwürfel und Frühlingszwiebelringe darüber streuen.

GETRÄNK: Wasser

VARIANTE: Statt Minze schmeckt auch Koriander.

FÜR GEÜBTE
SCHARF
AUS ISAN

ZUBEREITUNG: 35 Min.
BEI 4 PERSONEN
PRO PORTION CA.: 185 kcal

FÜR 2–4 PERSONEN:

500 g Champignons
200 g Pak-Choi (S. 160)
30 Blätter Thai-Basilikum *(bai horapha)*
250 g Kokosmilch (aus der nicht geschüttelten Dose)
5 EL helle Sojasauce
1 EL Fischsauce
1/3 TL Zucker
1 Prise Salz

Für die Würzpaste:

40 g frischer Ingwer
2 Thai-Schalotten
2 Knoblauchzehen
3 getrocknete Chilischoten (nach Wunsch auch mehr)
1/3 TL Zucker

Champignons in Ingwersauce

HEDCHAMPIONRADNAMKHING

1. Für die Würzpaste den Ingwer schälen und reiben oder fein hacken. Schalotten und Knoblauch schälen, hacken. Alles mit den Chilischoten und dem Zucker im Mörser zu einer feinen Paste zerreiben.

2. Champignons putzen und eventuell mit Küchenpapier abreiben (nicht waschen!). Die Pilze in Scheiben schneiden. Pak-Choi putzen, waschen und gut abtropfen lassen. Die Blätter längs halbieren oder dritteln und quer in 2 cm breite Streifen schneiden. Das Thai-Basilikum waschen und auf Küchenpapier abtropfen lassen.

3. In den Wok oder in eine schwere tiefe Pfanne 2 EL vom dickflüssigen oberen Teil der Kokosmilch geben und 2 Min. kochen lassen. Die Würzpaste einrühren und 2–3 Min. bei starker Hitze braten. Die restliche Kokosmilch in der Dose verrühren, 225 g davon angießen und alles wieder zum Kochen bringen.

4. Sojasauce und Fischsauce unterrühren. Champignons und Pak-Choi hinzufügen und unter Rühren in 3–5 Min. garen. Das Gericht mit Zucker und Salz abschmecken, die Basilikumblätter untermischen.

GARNIEREN: mit halbierten Kirschtomaten und feinen Ingwerstreifen

GETRÄNK: Wasser, Bier

VARIANTEN: Statt Champignons Egerlinge oder auch Waldpilze verwenden.

FÜR GEÜBTE
SCHARF
ALLTAGSGERICHT

ZUBEREITUNG: 40 Min.
BEI 4 PERSONEN
PRO PORTION CA.: 370 kcal

FÜR 2–4 PERSONEN:

- 250 g Thai-Auberginen (S. 161)
- 250 g Shiitake-Pilze
- 1 gelber Zucchino
- 250 g Kokosmilch (aus der nicht geschüttelten Dose)
- 4 EL helle Sojasauce
- 2 EL Fischsauce

Für die Würzpaste:

- 1 Stängel Zitronengras
- 3 Thai-Schalotten
- 3 Knoblauchzehen
- 1 Bund Dill
- 3 getrocknete Chilischoten
- 1/3 TL Zucker

Geschmorte Auberginen mit Pilzen

GAENGKUAHEDNANGPHAGABMAKHOYAUW

1. Für die Würzpaste das Zitronengras von äußeren harten Blättern befreien, das untere weiche Drittel klein schneiden und in den Mörser geben. Schalotten und Knoblauch schälen, grob hacken, zum Zitronengras geben. 2–3 Dillstiele klein schneiden (den Rest beiseite legen), mit den Chilis und dem Zucker in den Mörser geben. Alles zu einer feinen Paste zerreiben.

2. Auberginen waschen, die Stielansätze entfernen. Die Früchte achteln und in kaltes Wasser legen. Pilze putzen und eventuell mit Küchenpapier abreiben. Harte Stiele entfernen, die Pilze je nach Größe halbieren oder ganz lassen. Den Zucchino waschen, putzen und in Würfel schneiden.

3. Im Wok oder in einer schweren tiefen Pfanne 2 EL vom dickflüssigen oberen Teil der Kokosmilch 2 Min. aufkochen. Die Würzpaste zufügen und 2–3 Min. darin anbraten. Die restliche Kokosmilch, Sojasauce und Fischsauce zugießen und alles zum Kochen bringen.

4. Die Auberginen abgießen und trockentupfen. In die Kokossauce geben und 3–5 Min. darin bei mittlerer Hitze fast weich kochen. Pilze und Zucchino unterrühren und weitere 3 Min. köcheln lassen. Dillblättchen grob schneiden, dazugeben und das Gericht in 1 Min. fertig garen.

GARNIEREN: 5 schöne kleine Shiitake-Pilze ganz lassen, nach Belieben separat dämpfen. Das Gericht in eine flache Schale füllen, die Pilze und einige Dillzweiglein darauf arrangieren.

GETRÄNK: Wasser, Rotwein

VARIANTEN: Sie können auch unsere herkömmlichen lila Auberginen und grüne Zucchini für dieses Gericht verwenden.

Tofu mit Pak-Choi in Chilisauce

TAUHUGABPAGSOIRODPRIG

1. Tofu in Stückchen von 1 x 0,5 cm schneiden. Pak-Choi putzen und waschen, die Blätter längs halbieren oder dritteln und quer in 2 cm breite Streifen schneiden. Die Pfifferlinge putzen und eventuell mit Küchenpapier abreiben (nicht waschen!).

2. Die Chilischoten waschen, putzen und in Ringe schneiden. Wer es nicht allzu scharf liebt, entfernt dabei die Samen teilweise oder vollständig. Knoblauch schälen und fein hacken. Basilikumblätter waschen und auf Küchenpapier abtropfen lassen.

3. Im Wok oder in einer schweren tiefen Pfanne das Öl erhitzen und den Knoblauch darin goldgelb anbraten. Tofu und Pilze hinzufügen, 2–3 Min. bei starker Hitze unter ständigem Rühren braten.

4. Die Chiliringe unterrühren, mit Austernsauce, Sojasauce und Zucker würzen. Den Pak-Choi dazugeben und in etwa 1 Min. bissfest garen. Die Basilikumblätter untermischen und das Gericht servieren.

GARNIEREN: 3 kleine rote Chilischoten an der Spitze mehrfach längs einschneiden, für 10 Min. in kaltes Wasser legen, damit sie zu Blüten aufspringen. Das Tofugericht auf eine Platte geben, 3 Inseln mit jeweils 2 Basilikumblättern sowie 1 Chiliblüte darauf legen.

GETRÄNK: Wasser, Bier

VARIANTEN: Frische Pfifferlinge gibt es nur im Herbst. Sie können auch andere Pilze oder als Farbtupfer feine Streifen von gelber Paprikaschote verwenden.

FÜR ANFÄNGER
SEHR SCHARF
AUS BANGKOK

ZUBEREITUNG: 35 Min.
BEI 4 PERSONEN PRO PORTION CA.: 125 kcal

FÜR 2–4 PERSONEN:

- 250 g Tofu
- 150 g Pak-Choi (S. 160)
- 100 g kleine Pfifferlinge
- 2 rote Chilischoten (etwa 8 cm lang)
- 2 Knoblauchzehen
- 15 Blätter Thai-Basilikum *(bai horapha)*
- 2 EL Öl
- 3 EL Austernsauce
- 2 EL helle Sojasauce
- 1 TL Palmzucker

Macht etwas Mühe, aber Ihre Gäste werden Sie für diesen Genuss lieben!

FÜR GEÜBTE
WÜRZIG
FÜR GÄSTE

EINWEICHEN: 20 Min.
ZUBEREITUNG: 1 Std.
PRO PORTION CA.: 330 kcal

FÜR 4 PERSONEN:

- 10 g getrocknete Duftpilze *(hehom)*
- 250 g Tofu
- 1 rote Paprikaschote
- 50 g Glasnudeln
- 1/2 TL Salz
- 1/4 TL weißer Pfeffer
- 4 Zucchini (je 250 g)
- 250 g Kokosmilch (aus der nicht geschüttelten Dose)
- 1–2 EL grüne Currypaste
- 4 EL helle Sojasauce
- 2 EL Fischsauce
- 1/3 TL Zucker
- 30 Blätter Thai-Basilikum *(bai horapha)*

Gefüllte Zucchini mit Basilikum-Kokossauce

BOABSODSAI

1. Die Pilze 20 Min. in kaltem Wasser einweichen. Inzwischen den Tofu in sehr kleine Würfel schneiden. Paprikaschoten vierteln, putzen, waschen und 1/2 cm groß würfeln. Glasnudeln in eine Schüssel geben, mit kochendem Wasser übergießen und kurz ziehen lassen.

2. Die Nudeln durch ein Sieb abgießen, mit einer Küchenschere in etwa 4 cm lange Stücke schneiden. Die Duftpilze ebenfalls abgießen, abtropfen lassen und in feine Streifen schneiden. Tofu, Glasnudeln, Paprikawürfel und Pilze in einer Schüssel vermischen, mit Salz und Pfeffer würzen.

3. Zucchini waschen und abtrocknen, die beiden Enden jeweils großzügig abschneiden. Von beiden Seiten das Fruchtfleisch mit einem Teelöffel jeweils einige Zentimeter tief aushöhlen. Dann einen Kochlöffel mit dickem Stiel zu Hilfe nehmen und die Zucchini damit vollständig aushöhlen.

4. Die Zucchini mit der Tofumischung füllen; das geht am besten mit den Fingern (vgl. Gurkensuppe, Seite 27). Die Füllung von beiden Seiten gut hineindrücken, damit keine Hohlräume bleiben. Die Schale der Zucchini jeweils unten und oben mit einem Messer drei bis vier Mal nicht zu tief einkerben (siehe Bild).

5. In einer Pfanne, in der die gefüllten Zucchini nebeneinander Platz haben, 2 EL vom dickflüssigen oberen Teil der Kokosmilch 2 Min. kochen. Die Currypaste unterrühren und 2–3 Min. darin anbraten, bis sich die Sauce am Rand grün färbt. Die restliche Kokosmilch in der Dose verrühren und zugießen. Alles zum Kochen bringen, mit Sojasauce, Fischsauce und Zucker würzen.

6. Die gefüllten Zucchini nebeneinander in die Kokossauce legen und zugedeckt bei mittlerer Hitze etwa 10 Min. garen.

7. Inzwischen das Basilikum waschen und auf Küchenpapier abtropfen lassen. Vor dem Servieren in die Kokossauce rühren.

GARNIEREN: Jeden Teller mit 1 Zucchiniblüte dekorieren.

GETRÄNK: Wasser, Weißwein

VARIANTE: Zum Füllen eignen sich auch Salatgurken und grüne Auberginen.

Mittags in einer Firmenkantine in Bangkok.

Dara serviert zu den Nudeln mit roter Tofu-Currysauce in Streifen geschnittenen Kopfsalat, den jeder nach Belieben unter seine Nudeln mischt.

FÜR GEÜBTE
SCHARF
ALLTAGSGERICHT

EINWEICHEN: 1 Std.
ZUBEREITUNG: 35 Min.
PRO PORTION CA.: 695 kcal

FÜR 4 PERSONEN:

400 g breite Reisnudeln (Länge nach Belieben)
3 Knoblauchzehen
3 Thai-Schalotten
1 EL rote Currypaste (Rezept S. 64 oder fertig gekauft)
250 g Tofu
2 Tomaten
1 Dose Kokosmilch (400 g)
1 EL *taujiau* (eingelegte gelbe Bohnen aus dem Glas; S. 161)
1/2 TL Palmzucker
4 EL helle Sojasauce
2 EL Fischsauce
1/2 TL Salz
1 EL Öl | 1 Ei

Nudeln mit roter Tofu-Currysauce

MIENAMTAUHU

1. Die Nudeln 1 Std. in kaltem Wasser einweichen. Inzwischen Knoblauch und Schalotten schälen und hacken. Mit der Currypaste im Mörser fein zerreiben.

2. Den Tofu sehr fein hacken oder im Mixer pürieren. Tomaten waschen und in kleine Würfel schneiden, dabei die Stielansätze entfernen.

3. Im Wok oder in einer schweren tiefen Pfanne ein Viertel der Kokosmilch erhitzen. Die Currypaste aus dem Mörser zufügen, 2–3 Min. braten, bis die Sauce am Rand gelb wird. Tofu und die eingelegten Bohnen dazugeben, die übrige Kokosmilch angießen. Tomaten unterrühren, die Sauce mit Palmzucker, Sojasauce, Fischsauce und Salz würzen und in 7–10 Min. bei mittlerer Hitze sämig einkochen.

4. Unterdessen in einem Topf 1 l Wasser mit dem Öl zum Kochen bringen. Die Nudeln abgießen und in das kochende Wasser geben. 1–2 Min. darin ziehen lassen, abgießen und in eine angewärmte Schüssel füllen.

5. Das Ei in einer Schüssel leicht verschlagen und unter die Tofu-Currysauce rühren. Die Sauce in eine Schüssel füllen und separat zu den Nudeln reichen.

GARNIEREN: Die Nudeln als vier Nester auf Lollo-Rosso-Blättern anrichten. Die Sauce in einer Schüssel dazureichen.

GETRÄNK: Wasser, Bier, Rotwein

VARIANTE: Fleischesser können den Tofu durch Hackfleisch austauschen.

FÜR ANFÄNGER
MILD
GRUNDREZEPT

EINWEICHEN: 20 Min.
ZUBEREITUNG: 30 Min.
BEI 4 PERSONEN
PRO PORTION CA.: 355 kcal

FÜR 2–4 PERSONEN:

250 g lange, dünne Reisnudeln
10 g getrocknete Morcheln (Mu-Err-Pilze)
1 Möhre (100 g)
1 Stange Thai-Sellerie
250 g Tofu
2 Knoblauchzehen
3 EL Öl
3 EL Austernsauce
3 EL helle Sojasauce
1/2 TL Zucker

Gebratener Tofu mit Reisnudeln

PHADTAOHUWUNSEN

1. Die Reisnudeln 1 Std. in kaltem Wasser einweichen. Morcheln 20 Min. in lauwarmem Wasser einweichen.

2. Möhre schälen, putzen und – am besten mit dem Juliennehobel – in streichholzförmige Stifte schneiden. Selleriestange waschen, in 2 cm lange Stücke schneiden.

3. Den Tofu in 1/2 cm dicke Scheiben schneiden. Knoblauch schälen und fein hacken. Morcheln abgießen, gut ausdrücken und in feine Streifen schneiden. Reisnudeln abgießen, mit einer Küchenschere in 10–15 cm lange Stücke schneiden.

4. In einer Pfanne 2 EL Öl erhitzen und den Knoblauch darin goldgelb anbraten. Die Tofuscheiben hineingeben und auf jeder Seite bei mittlerer Hitze etwa 2 Min. braten, bis sie am Rand braun werden. Aus der Pfanne nehmen und warm halten.

5. Das restliche Öl in die Pfanne geben und erhitzen. Möhre und Morcheln darin 2 Min. anbraten. Sellerie und Reisnudeln unterrühren, die Tofuscheiben wieder in die Pfanne geben. Mit Austernsauce und Sojasauce sowie Zucker würzen.

GARNIEREN: Die Sellerieblättchen gehackt über das fertige Gericht streuen.

GETRÄNK: Wasser, Bier

VARIANTEN: Sie können dieses Grundrezept mit Zuckerschoten, Thai-Spargel (S. 161) oder jungem Mais bereichern und statt Reisnudeln Glasnudeln verwenden.

Daras vegetarische Reisplätzchen im Kokosmantel sind ein Gedicht, da wird niemand Fleisch vermissen.

Reis-Gemüse-Plätzchen

THODMANPAG

FÜR GEÜBTE
KNUSPRIG
GUT VORZUBEREITEN

ZUBEREITUNG: 1 Std. 15 Min.
PRO PORTION CA.: 680 kcal

FÜR 4 PERSONEN:

200 g Duftreis
1 Möhre (100 g)
100 g Weißkohl
1 Stange Thai-Sellerie
2 Knoblauchzehen
50 g Glasnudeln
1 TL Salz
$^1/_2$ TL Zucker
1 Prise weißer Pfeffer
200 g Kokosraspel
Öl zum Frittieren

Für den Dip:

1 kleine rote Chilischote
1 kleines Stück Salatgurke (1 cm)
3 EL Reisessig
1 TL Zucker
1 Prise Salz

1. Den Reis in einem Sieb gründlich kalt abspülen, abtropfen lassen, mit 300 ml Wasser in einem Topf zum Kochen bringen. Einmal umrühren und zugedeckt bei schwacher Hitze 15 Min. garen.

2. Inzwischen die Möhre schälen, putzen und – am besten mit dem Juliennehobel – in streichholzgroße Stifte schneiden. Weißkohl waschen und in sehr feine Streifen schneiden. Die Selleriestange waschen, putzen und ebenfalls fein schneiden. Den Knoblauch schälen und fein hacken.

3. Den fertig gegarten Reis auf einem großen Teller ausbreiten und abkühlen lassen. Die Glasnudeln in eine Schüssel geben, mit kochendem Wasser überbrühen und kurz ziehen lassen. Nudeln in ein Sieb abgießen, mit der Küchenschere in 10–15 cm lange Stücke schneiden.

4. Den abgekühlten Reis, das vorbereitete Gemüse, Glasnudeln und Knoblauch in einer Schüssel sehr sorgfältig verkneten, mit Salz, Zucker und Pfeffer würzen.

5. Die Reis-Gemüse-Masse auf der Arbeitsfläche zu einer langen Rolle von etwa 3 cm Ø formen und 15 Min. ruhen lassen.

6. Kokosraspel auf einen Teller geben. Von der Reis-Gemüse-Rolle mit einem scharfen Messer etwa $^1/_2$ cm dicke Scheiben abschneiden. Diese von beiden Seiten mit Kokosraspeln panieren.

7. Im Wok oder in einem breiten Topf Öl zum Frittieren erhitzen. Es ist heiß genug, wenn am Stiel eines hineingehaltenen Holzkochlöffels kleine Bläschen aufsteigen. Die Reis-Gemüse-Plätzchen darin portionsweise in etwa 3 Min. goldgelb frittieren. Mit dem Schaumlöffel herausheben und auf Küchenpapier abtropfen lassen.

8. Für den Dip die Chili waschen, putzen und fein hacken, das Gurkenstück schälen, die Samen mit dem geleeartigen Fruchtfleisch entfernen und die Gurke in kleine Stückchen schneiden. Reisessig mit Salz und Zucker verrühren, bis sich beides auflöst. Chili- und Gurkenwürfelchen unterrühren. Den Dip in ein Schälchen füllen, zu den Reis-Gemüse-Plätzchen servieren.

GARNIEREN: Die Plätzchen, mit Streifen aus Pergamentpapier getrennt, in einer länglichen Schale servieren.

GETRÄNK: Wasser, Bier

Reiches Angebot an frischen Früchten, z. B. Pomelos.

Für gebratenen Reis – ein sehr beliebtes Alltagsgericht – wird in Thailand gerne der übrig gebliebene Reis vom Vortag verwendet.

FÜR ANFÄNGER
MILD
KLASSIKER

Gebratener Reis mit Gemüse

KAOPHADPAG

ZUBEREITUNG: 1 Std.
(mit Reis vom Vortag 20 Min.)
PRO PORTION CA.: 400 kcal

FÜR 4 PERSONEN:

300 g Duftreis (oder 500 g gekochter Reis vom Vortag)
200 g Chinakohl
200 g Tomaten
1 rote oder grüne Paprikaschote
2 Stangen Thai-Sellerie
3 Knoblauchzehen
4 EL Öl
5 EL helle Sojasauce
2 EL Fischsauce
5 EL Austernsauce
1 TL Palmzucker

1. Den (ungegarten) Reis in einem Sieb gründlich kalt abspülen, abtropfen lassen. Reis mit 450 ml Wasser in einem Topf zum Kochen bringen. Einmal umrühren und zugedeckt bei schwacher Hitze 15 Min. garen. Den Reis auf einem großen Teller verteilen, damit er schnell abkühlt.

2. Den Chinakohl putzen, waschen und gut abtropfen lassen. Die Blätter längs halbieren oder dritteln und in 2 cm breite Streifen schneiden. Tomaten waschen, längs vierteln und die Stielansätze entfernen. Die Tomatenviertel jeweils einmal quer durchschneiden.

3. Die Paprikaschote vierteln, putzen, waschen und quer in Streifen schneiden. Sellerie waschen, die Blättchen abschneiden und beiseite legen. Die Selleriestangen in 2 cm lange Stücke schneiden. Knoblauch schälen und fein hacken.

4. Das Öl im Wok oder in einer schweren tiefen Pfanne erhitzen und den Knoblauch darin goldgelb anbraten. Das Gemüse hinzufügen und 1 Min. bei starker Hitze und unter regelmäßigem Rühren braten.

5. Den abgekühlten Reis hinzufügen und unter Rühren 2–3 Min. mitbraten. Mit Sojasauce, Fischsauce, Austernsauce und Palmzucker würzen und alles nochmals gut durchmischen.

6. Die Sellerieblättchen fein schneiden, über den gebratenen Reis streuen und diesen sofort heiß servieren.

GARNIEREN: Jede Portion mit Zitronenscheiben dekorieren.

GETRÄNK: Wasser, Bier, Weißwein

VARIANTEN: Auch Zucchini, Möhren und/oder breite grüne Bohnen – in sehr feine Streifen geschnitten – passen ausgezeichnet.

FÜR ANFÄNGER
WÜRZIG
AUS BANGKOK

Gebratener Wasserspinat mit eingelegten Bohnen

PAGBUNGPHADTAUJIAU

ZUBEREITUNG: 30 Min.
BEI 4 PERSONEN
PRO PORTION CA.: 130 kcal

FÜR 2–4 PERSONEN:

1 kg Wasserspinat (ersatzweise großblättriger Spinat)
2 Knoblauchzehen
1 Zwiebel (100 g)
3 EL Öl
2 EL *taujiau* (eingelegte gelbe Bohnen aus dem Glas; S. 161)
2 TL Palmzucker
1 EL helle Sojasauce
2 EL Austernsauce

1. Wasserspinat waschen und gut abtropfen lassen. Die Blätter in 3–5 cm große Streifen schneiden. Knoblauch und Zwiebel schälen, fein hacken.

2. Im Wok oder in einer schweren tiefen Pfanne 2 EL Öl erhitzen. Den Knoblauch darin goldgelb anbraten. Die eingelegten Bohnen und den Palmzucker dazugeben und 1 Min. braten. Den Wasserspinat in den Wok geben und unter Rühren in etwa 3 Min. garen. Das Gemüse mit Sojasauce und Austernsauce würzen, mitsamt der entstandenen Sauce in eine Schale füllen.

3. Das restliche Öl erhitzen. Die Zwiebeln darin in etwa 3 Min. goldbraun braten. Mit 2 EL von der Wasserspinatsauce ablöschen und über das Gemüse verteilen.

GARNIEREN: Einige Wasserspinatblätter für 15 Min. in eiskaltes Wasser einlegen, damit sie taufrisch aussehen. Die Servierschale oder die einzelnen Gemüseportionen damit sowie mit einer Zwiebelblüte (siehe Seite 155) dekorieren.

GETRÄNK: Wasser

VARIANTEN: Sie können das Rezept auch mit Mangold, *kana*-Blättern (S. 160) oder Pak-Choi (S. 160) zubereiten.

FÜR GEÜBTE
SCHARF
AUS ISAN

ZUBEREITUNG: 40 Min.
BEI 4 PERSONEN
PRO PORTION CA.: 245 kcal

FÜR 2–4 PERSONEN:

12 *yanang*-Blätter (S. 161)
500 g Austernpilze
2 Maiskolben
200 g Thai-Spinat *(paghom;* S. 161)
4 EL helle Sojasauce
2 EL Fischsauce
100 g Lao-Basilikumblätter *(bai mänglag)*

Für die Würzpaste:

1 Stängel Zitronengras
3 Thai-Schalotten
3 Knoblauchzehen
2 kleine grüne Chilischoten
1 Prise Salz

Austernpilze mit Yanang-Sauce

GAENGOMHEDNANGFA

1. Für die Würzpaste das Zitronengras von äußeren harten Blättern befreien, das untere weiche Drittel klein schneiden und in den Mörser geben. Schalotten und Knoblauch schälen und hacken. Chilis waschen, putzen, etwas zerkleinern. Alles mit dem Salz in den Mörser geben, fein zerreiben.

2. Die *yanang*-Blätter waschen und grob zerkleinern. Mit $^1/_8$ l Wasser verrühren, die Mischung in ein feines Haarsieb gießen und sehr gut auspressen, den grünen Extrakt auffangen.

3. Austernpilze putzen und eventuell mit Küchenpapier abreiben. Harte Stiele entfernen, die Pilze quer in Streifen schneiden. Maiskolben waschen und abtrocknen, die Körner mit einem scharfen Messer von den Kolben schneiden (siehe Seite 119). Spinat waschen, gut abtropfen lassen und in 2 cm breite Streifen schneiden.

4. *Yanang*-Extrakt, Sojasauce und Fischsauce in den Wok oder in eine schwere tiefe Pfanne geben und erhitzen. Die Würzpaste unterrühren und zum Kochen bringen. Austernpilze, Mais und Spinat untermischen und 4–5 Min. bei mittlerer Hitze garen.

5. Basilikum waschen und auf Küchenpapier abtropfen lassen. Unter das fertige Gericht mischen.

GARNIEREN: 1 *yanang*-Blatt für die Dekoration zurücklegen. Auf das fertige Gericht legen und mit Chiliblüten (siehe Garniertipp Seite 123) dekorieren.

GETRÄNK: Wasser

VARIANTE: *Paghom* ist unserem großblättrigen Spinat im Aussehen wie auch im Geschmack sehr ähnlich, der daher auch ein guter Ersatz dafür ist.

Tofu mit Kürbis

GANGKUA

1. Für die Würzpaste das Zitronengras von äußeren harten Blättern befreien, das untere weiche Drittel klein schneiden und in den Mörser geben. Schalotten und Knoblauch schälen und hacken. Beides mit den Chilischoten zum Zitronengras geben und alles zu einer feinen Paste zerreiben.

2. Tofu in 1 cm große Würfel schneiden. Den Kürbis schälen und das Fruchtfleisch ebenfalls in 1 cm große Würfel schneiden. Spargel waschen, trockene Enden entfernen und die Stangen in 4 cm lange Stücke schneiden. Tomaten und Zitronenblätter waschen und abtropfen lassen.

3. Das Öl in einem Topf erhitzen. Die Würzpaste und die Zitronenblätter hineingeben, 2–3 Min. braten, bis die Masse sich am Rand gelb färbt. $^1/_2$ l Wasser angießen, Sojasauce, Fischsauce und Zucker unterrühren, das Ganze zum Kochen bringen.

4. Tofu, Spargel, Kürbiswürfel sowie die Tomaten hineingeben und 7–10 Min. bei mittlerer Hitze köcheln lassen.

5. Basilikum waschen und auf Küchenpapier abtropfen lassen. Kurz vor dem Servieren untermischen.

GETRÄNK: Wasser, Weißwein

VARIANTE: Statt Tofu kann man auch frische Maiskörner verwenden.

FÜR ANFÄNGER
SCHARF
ALLTAGSGERICHT

ZUBEREITUNG: 45 Min.
PRO PORTION CA.: 215 kcal

FÜR 4 PERSONEN:

- 500 g Tofu
- 200 g Kürbis, ohne Fasern und Samen
- 100 g Thai-Spargel (S. 161)
- 200 g Kirschtomaten
- 5 Zitronenblätter
- 2 EL Öl | 5 EL helle Sojasauce
- 3 EL Fischsauce
- $^1/_3$ TL Zucker
- 1 Hand voll Lao-Basilikumblätter *(bai mänglag)*

Für die Würzpaste:

- 1 Stängel Zitronengras
- 3 Thai-Schalotten
- 3 Knoblauchzehen
- 3 getrocknete Chilischoten

Die Eier in Tamarindensauce werden in Thailand bei jeder Hochzeit serviert, sie sollen dem Bräutigam Stärke verleihen ...

FÜR ANFÄNGER
MILD
ALLTAGSGERICHT

ZUBEREITUNG: 30 Min.
PRO PORTION CA.: 250 kcal

FÜR 4 PERSONEN:

- 6 Eier
- 150 g Tomaten
- 1 Zwiebel (100 g)
- 1 Knoblauchzehe
- 4 EL Öl
- 2 TL Palmzucker
- 1 EL Zitronensaft
- 1 EL helle Sojasauce
- 1/2 TL Salz

Eier mit Tomatensauce

KAIRADNAMMAKÜTED

1. Die Eier in etwa 10 Min. hart kochen, mit kaltem Wasser abschrecken, pellen.

2. Während die Eier kochen, die Tomaten waschen und klein würfeln, Stielansätze dabei entfernen. Zwiebel und Knoblauch schälen, fein hacken.

3. In einer Pfanne 2 EL Öl erhitzen und die Eier darin bei mittlerer Hitze in etwa 3 Min. rundherum goldgelb braten.

4. Gleichzeitig in einer zweiten Pfanne das restliche Öl erhitzen. Die Zwiebel darin 1 Min. anbraten. Tomaten, Knoblauch, Palmzucker, Zitronensaft und Sojasauce hinzufügen, bei mittlerer Hitze 2–3 Min. einkochen lassen. Die Tomatensauce mit dem Salz abschmecken.

5. Die harten Eier halbieren und auf einer Platte anrichten oder auf vier Schälchen verteilen. Mit der Tomatensauce servieren.

GARNIEREN: Den grünen Teil einer Frühlingszwiebel in sehr feine Ringe schneiden und darüber streuen.

GETRÄNK: Wasser, Bier

VARIANTE: Sie können die Eier auch in der Tomatensauce ziehen und warm werden lassen.

FÜR ANFÄNGER
FRUCHTIG-SCHARF
HOCHZEITSESSEN

ZUBEREITUNG: 30 Min.
PRO PORTION CA.: 255 kcal

FÜR 4 PERSONEN:

- 20 g gepresste Tamarinde
- 6 Eier
- 200 g Zwiebeln
- 2 Stängel Koriander
- 4 EL Öl
- 2 TL Palmzucker
- 1 EL helle Sojasauce
- 1 Prise Salz

Eier in Tamarindensauce

KAILUGHKOY

1. Die Tamarinde für 10 Min. in 1/8 l kaltem Wasser einweichen. Die Eier in etwa 10 Min. hart kochen, mit kaltem Wasser abschrecken und pellen.

2. Während die Eier kochen, die Zwiebeln schälen und fein hacken. Den Koriander waschen und trockenschütteln, die Blättchen abzupfen.

3. In einer Pfanne 2 EL Öl erhitzen und die Eier darin bei mittlerer Hitze in etwa 3 Min. rundherum goldgelb braten.

4. Gleichzeitig in einer zweiten Pfanne das restliche Öl erhitzen und die Zwiebeln darin in etwa 3 Min. goldbraun braten, wieder aus der Pfanne nehmen.

5. Die Tamarinde gut auspressen, die Flüssigkeit in die Pfanne geben, die Fasern wegwerfen. Palmzucker und Sojasauce hinzufügen und die Flüssigkeit bei mittlerer Hitze 2–3 Min. einkochen lassen. Die Zwiebeln untermischen. Die Tamarindensauce mit Salz abschmecken.

6. Die gebratenen Eier halbieren und auf einer Platte anrichten oder auf vier Teller verteilen. Mit der Tamarindensauce begießen. Den Koriander grob hacken und darüber streuen.

GETRÄNK: Wasser, Bier

FÜR GEÜBTE
MILD
FÜR GÄSTE

Bambuspäckchen mit Kürbis

HOMOGNOMAI

ZUBEREITUNG: 1 Std.
PRO STÜCK CA.: 145 kcal

FÜR 8 STÜCK:

Für die Würzpaste:

2 Stängel Zitronengras
4 Thai-Schalotten
4 Knoblauchzehen
2 kleine grüne Chilischoten
2 EL Reismehl
$^1/_2$ TL Zucker

Für die Füllung:

200 g Kürbis, ohne Fasern und Samen
1 Dose Bambus in *yanang*-Sauce (270 g Abtropfgewicht)
60 g Kokosmilchpulver
4 EL helle Sojasauce
2 EL Fischsauce
48 Blätter Lao-Basilikum *(bai mänglag)*
8 Zitronenblätter

Außerdem:

8 Bananenblattstücke von je 20 cm Länge

1. Für die Würzpaste das Zitronengras von äußeren harten Blättern befreien. Den unteren weichen Teil (etwa 6 cm) klein schneiden, den Rest in insgesamt 8 Stücke schneiden.

2. Schalotten und Knoblauchzehen schälen, hacken. Chilischoten waschen, putzen und zerkleinern. Alles außer den größeren Zitronengrasstücken mit dem Reismehl und dem Zucker in den Mörser geben und zu einer feinen Paste zerreiben.

3. Den Kürbis schälen, das Fruchtfleisch in Spalten und diese in dünne Scheiben schneiden. Bambus in ein Sieb abgießen, die *yanang*-Sauce auffangen. Den Bambus in etwa 5 cm große Stücke schneiden und mit dem Schaft eines schweren Messers etwas weich klopfen.

4. Bambusstücke und Kürbisscheiben in eine Schüssel geben, mit der Würzpaste, Kokosmilchpulver, Sojasauce, Fischsauce und der *yanang*-Sauce vermischen.

5. Basilikum waschen und auf Küchenpapier abtropfen lassen. Die Bananenblätter anwärmen (siehe Seite 16/17), jeweils einen 1 cm breiten Streifen abschneiden.

6. Auf jedes Bananenblatt 1 Zitronenblatt und 1 Zitronengrasstück in die Mitte legen. Jeweils etwa ein Achtel der Bambus-Kürbis-Mischung darauf geben und mit Blättern von Lao-Basilikum abdecken.

7. Die Bananenblätter wie in der Bildfolge auf Seite 16 (unten) gezeigt zu Päckchen falten: Zwei gegenüberliegende Seiten des Bananenblattes aufstellen, die beiden anderen Seiten vorne und hinten zur Mitte hin einklappen. Mit einem Blattstreifen umwickeln und mit einem Bambusstäbchen (oder dem Tacker) fixieren.

8. Im Wok 5 cm hoch Wasser zum Kochen bringen. Das Gitter einsetzen, die Bambuspäckchen darauf setzen und zugedeckt 15–20 Min. dämpfen.

GETRÄNK: Wasser, Weißwein

TIPP!

Falls Sie weder frische *yanang*-Blätter noch Bambus in *yanang*-Sauce bekommen, können Sie die grüne Sauce auch mit Spinat herstellen: Dazu 100 g Spinat mit $^1/_8$ l Wasser pürieren, durch ein Haarsieb streichen und wie die *yanang*-Sauce im Rezept weiterverarbeiten.

Der Verkäufer teilt geschickt eine Jackfruit in Portionen.

Desserts

Mit Klebreis, Kokosmilch und exotischen Früchten

Klebreis mit Kokosmilch ist der Klassiker unter den thailändischen Desserts – jeweils angerichtet mit den reifen Früchten der Saison.

FÜR ANFÄNGER
ERFRISCHEND
KLASSIKER

EINWEICHEN: 3 Std.
ZUBEREITUNG: 30 Min.
PRO PORTION CA.: 305 kcal

FÜR 6 PERSONEN:

150 g Klebreis
250 g Erdbeeren
50 g Zucker
1/2 Honigmelone
250 g Kokosmilch (aus der nicht geschüttelten Dose)
1 Prise Salz
1 EL Tapiokamehl

Klebreis mit Früchten

KAUNIAWPOLMAI

1. Reis 3 Std. in kaltem Wasser einweichen, anschließend 15–20 Min. zugedeckt über kochendem Wasser dämpfen, entweder in einer feuerfesten Form auf dem Gitter im Wok oder auf Alufolie (siehe Tipp).

2. Inzwischen die Erdbeeren waschen und entkelchen, etwa 50 g weniger schöne Exemplare klein schneiden und in einem Töpfchen mit 1 EL Zucker in 2 Min. weich kochen. Die übrigen Erdbeeren in Scheiben schneiden. Honigmelone in Spalten schneiden, diese schälen und die Samen entfernen. Das Melonenfleisch in Stücke schneiden. Erdbeerscheiben und Melonenstücke auf Desserttellern anrichten, die Mitte für den Klebreis frei lassen.

3. Den Klebreis in eine angewärmte Schüssel geben und den restlichen Zucker unterrühren, bis er sich gelöst hat. 2 EL vom dickflüssigen oberen Teil der Kokosmilch unter den Reis mischen.

4. Übrige Kokosmilch mit dem Salz erwärmen. Das Tapiokamehl mit 1 EL Wasser anrühren, untermischen und köcheln lassen, bis die Masse leicht andickt.

5. Den Kokosreis auf die vorbereiteten Teller mit den Früchten verteilen, je 1 Löffel Kokossauce und als roten Farbtupfer etwas Erdbeermus darauf geben.

GARNIEREN: Aus der Melone mit einem Kugelausstecher Kugeln ausstechen.

TIPP!

Klebreis dämpfen geht auch ohne Wok: Geben Sie 5 cm hoch Wasser in einen breiten Topf. Spannen Sie eine doppelte Lage Alufolie, etwas größer als der Topf, darüber und stechen viele kleine Löcher hinein. Den eingeweichten Klebreis darauf verteilen und zugedeckt garen.

FÜR ANFÄNGER
FRUCHTIG-SAHNIG
FÜR GÄSTE

ZUBEREITUNG: 20 Min.
KÜHLEN: 3 Std.
BEI 8 PERSONEN PRO PORTION CA.: 205 kcal

FÜR 6–8 PERSONEN:

1 Dose Kokosmilch (400 g)
150 g Zucker
1 große Papaya (300 g)
1/2 Mango (200 g)
1 Stück Honigmelone (100 g)
Saft von 1/2 Limette

Für die Dekoration:

Papaya- oder Mangostücke
geschlagene Sahne

Kokos-Frucht-Eis

EISCREEMMAPRAUPOLMAI

1. Kokosmilch mit dem Zucker in einen Topf geben und nur erwärmen, nicht aufkochen lassen. Den Zucker unter Rühren auflösen. Abkühlen lassen.

2. Die Papaya schälen, halbieren und die Kerne herauskratzen. Das Fruchtfleisch in Stücke schneiden. Mango schälen, das Fruchtfleisch vom Stein schneiden und ebenfalls etwas zerkleinern. Die Honigmelone schälen, Samen entfernen und das Fruchtfleisch in Stücke schneiden.

3. Alle Früchte mit dem Limettensaft in den Mixer oder ein hohes Aufschlaggefäß geben, die abgekühlte Kokosmilch dazugeben und alles fein pürieren. Die Masse in eine flache Schale (oder einen Eiswürfelbehälter) füllen und für mindestens 3 Std. ins Tiefkühlfach stellen.

4. Zum Servieren von der gefrorenen Masse mit einem Eisportionierer Kugeln ausstechen und in Dessertschälchen oder Kelchgläser geben. Das Eis mit Fruchtstücken und nach Geschmack mit Sahnetupfern garnieren.

GARNIEREN: Das Dessert zusätzlich mit Pfefferminzblättchen verzieren.

VARIANTEN: Auch Ananas, Bananen und Guaven harmonieren gut mit dem feinen Kokosgeschmack.

Da werden bei Dara Kindheitserinnerungen wach: Ihre Mutter bereitete diese Desserts zu und verkaufte sie auf dem Markt.

FÜR GEÜBTE
KNUSPRIG
KLASSIKER

ZUBEREITUNG: 25 Min.
PRO PORTION CA.: 345 kcal

FÜR 4 PERSONEN:

3 EL Klebreismehl
1 EL Reismehl
2 EL Zucker
4 EL Kokosraspel
2 große Bananen
etwa 1 l Öl zum Frittieren

Für den Kokos-Dip:

8 EL Kokosmilch
1 Prise Salz
1 TL Reismehl

Bananen in Kokosraspeln

GLUATHOD

1. Beide Reismehlsorten und den Zucker in einer Rührschüssel mit 4 EL Wasser zu einem dickflüssigen Teig verrühren.

2. Das Öl im Wok oder in einem breiten Topf erhitzen. Es ist heiß genug, wenn am Stiel eines hineingehaltenen Holzkochlöffels kleine Bläschen aufsteigen.

3. Kokosraspel in einen Teller geben. Die Bananen schälen, in je 8 Stücke schneiden. Jedes Bananenstück in den Teig tauchen, kurz abtropfen lassen und in den Kokosraspeln wälzen. Im heißen Öl goldbraun ausbacken, herausheben und auf Küchenpapier abtropfen lassen.

3. Für den Kokos-Dip die Kokosmilch mit dem Salz aufkochen. Das Reismehl mit 1 EL Wasser anrühren, dazugeben und die Sauce unter Rühren 2 Min. köcheln lassen, bis sie dickflüssig ist. Jeweils 4 Bananenstücke und einen Klecks Kokos-Dip auf einen Teller geben und warm servieren.

GARNIEREN: Das Dessert auf Bananenblättern anrichten.

VARIANTEN: Frische Ananas schmecken auf diese Weise ausgebacken ebenfalls sehr gut (halbe Scheiben gut trockentupfen, bevor Sie sie in den Teig tauchen). Anstatt Kokosraspel passen auch Mandelblättchen.

FÜR GEÜBTE
SAHNIG
KLASSIKER

ZUBEREITUNG: 30 Min.
PRO PORTION CA.: 270 kcal

FÜR 6 PERSONEN:

200 g Jackfruit aus der Dose
200 g Klebreismehl
1 Dose Kokosmilch (400 g), nicht geschüttelt
1 Prise Salz
1 EL Reismehl

Jackfruitbällchen in Kokoscreme

BUALAYKHANUN

1. Jackfruit durch ein Sieb abgießen, den Saft auffangen, mit Wasser auf $^{1}/_{4}$ l auffüllen. Fruchtfleisch in Stücke schneiden, mit 150 ml Wasser im Mixer oder mit dem Pürierstab fein pürieren.

2. Klebreismehl in einer Schüssel mit dem Jackfruitpüree etwa 5 Min. kräftig verkneten, bis ein glatter Teig entsteht. Aus diesem kirschgroße Kugeln formen.

3. Von der Kokosmilch die dickflüssige obere Hälfte in ein Schälchen geben. Die übrige Kokosmilch mit der Fruchtsaft-Wasser-Mischung zum Kochen bringen. Die Jackfruitbällchen hineingeben und bei schwacher Hitze einige Minuten köcheln lassen, bis sie aufschwimmen. Die Bällchen herausheben und auf Dessertschälchen oder Kelchgläser verteilen.

4. Kokossahne und Salz zur Kokosmilch-Wasser-Mischung in den Topf geben und zum Kochen bringen. Das Reismehl mit 2 EL Wasser anrühren, hinzufügen und unter Rühren köcheln lassen, bis eine dickflüssige Creme entsteht. Warm über die Bällchen geben und das Dessert lauwarm oder kalt servieren.

GARNIEREN: mit ganzen oder in Streifen geschnittenen Pfefferminzblättchen

TIPP!

Falls Sie frische Jackfruit bekommen: An das Fruchtfleisch gelangen Sie, indem Sie die Jackfruit halbieren (wegen des klebrigen weißlichen Fruchtsafts mit Einweghandschuhen arbeiten), die Einzelfrüchte auslösen, von den umgebenden Fasern befreien. Die Früchte längs aufschneiden und den Kern entfernen. Den Kokossud, in dem die Bällchen garen, in diesem Fall nur mit Wasser aufgießen.

Dara stammt aus dem Nordosten Thailands, an der Grenze zu Laos. Der Lila Reis ist eine Spezialität von dort.

FÜR ANFÄNGER
FRUCHTIG
AUS ISAN

Lila Reis mit Jackfruit

KAONIAUPIAGKHANUN

EINWEICHEN: 3 Std.
ZUBEREITUNG: 30 Min.
BEI 6 PERSONEN PRO PORTION CA.: 210 kcal

FÜR 4–6 PERSONEN:

100 g Lila Reis (aus Laos)
1 Dose Jackfruit (400 g)
200 g Kokosmilch (aus der nicht geschüttelten Dose)
1 Prise Salz
100 g Zucker

1. Den Lila Reis in einem Sieb gründlich kalt abspülen und etwa 3 Std. in kaltem Wasser einweichen.

2. Den Reis abgießen, mit 300 ml frischem Wasser zum Kochen bringen und bei schwacher Hitze zugedeckt 15 Min. garen.

3. Inzwischen die Jackfruit abgießen, den Saft anderweitig verwenden. Die Früchte in Stücke schneiden, ein paar Streifen für die Dekoration beiseite legen.

4. Vom dickflüssigen oberen Teil der Kokosmilch 4 EL abnehmen und mit dem Salz verrühren. Die restliche Kokosmilch in der Dose verrühren, 150 g davon mit dem Zucker unter den Reis rühren.

5. Die Jackfruitstücke unter den Reis heben und diesen in Dessertschalen verteilen. Jeweils mit 1 EL Kokossahne und ein paar Jackfruitstreifen garnieren.

VARIANTEN: Da Jackfruits in Deutschland nur in der Großstadt frisch zu bekommen sind und ihr Aroma auch in der Dose gut bewahren, haben wir diese angegeben. Wenn Sie frische sehen, greifen Sie zu (Vorbereitung siehe Tipp Seite 142). Oder servieren Sie frische Pfirsiche oder Aprikosen zum Lila Reis.

FÜR ANFÄNGER
FRUCHTIG
AUS BANGKOK

Obstkaltschale

WUNPOLMAI

ZUBEREITUNG: 30 Min.
BEI 8 PERSONEN PRO PORTION CA.: 210 kcal

FÜR 6–8 PERSONEN:

2 Kiwis
1 Mango
1 Papaya
200 g Erdbeeren
200 g Zucker
2 TL Agar-Agar (S. 160)
250 g Kokosmilch
1 Prise Salz
1 EL Reismehl

1. Kiwis schälen, längs vierteln und in Stücke schneiden. Die Mango schälen, das Fruchtfleisch vom Kern schneiden und würfeln. Papaya schälen, halbieren und die Kerne mit einem Löffel herauskratzen, das Fruchtfleisch in Würfel schneiden. Erdbeeren waschen, entkelchen und je nach Größe halbieren oder vierteln. Alle Früchte mischen und auf vier Dessertschälchen oder Stielgläser verteilen.

2. In einem Topf 1 l Wasser mit Zucker und Agar-Agar zum Kochen bringen und unter ständigem Rühren 2–3 Min. kochen lassen, bis die Flüssigkeit zu gelieren beginnt. Über die Früchte verteilen und abkühlen lassen.

3. Die Kokosmilch in einem Töpfchen mit dem Salz aufkochen. Das Reismehl mit 2 EL Wasser anrühren, hinzufügen und die Sauce unter Rühren cremig einkochen lassen. Über die Obstkaltschalen gießen und die Desserts abgekühlt servieren.

VATIANTE: Mischen Sie für die Obstkaltschale die Früchte Ihrer Wahl aus dem saisonalen Angebot.

In Bangkok kauft man den Nachtisch auf dem Markt, hier gegrillte Klebreisbällchen im Bananenblatt.

Etwas für besondere Gäste: Die Grünen Kokosschnitten sehen dekorativ aus und haben ein feines Kokosaroma.

FÜR GEÜBTE
CREMIG
GUT VORZUBEREITEN

ZUBEREITUNG: 1 Std.
PRO PORTION CA.: 170 kcal

FÜR 8 PERSONEN:

100 g Tapiokamehl (S. 161)
50 g Reismehl
150 g Zucker
1 Prise Salz
125 g Kokosmilch
20 g *bai tüy* (S. 160)

Außerdem:

1 Terrinenform von 5 x 20 cm (ersatzweise eine Kuchenkastenform)

Grüne Kokosschnitten

KHANOMSCHAN

1. Tapiokamehl, Reismehl, Zucker, Salz und Kokosmilch in einer Schüssel gut vermengen. Die Mischung auf die Arbeitsfläche schütten und 10 Min. durchkneten, bis ein homogener Teig entstanden ist. Den Teig halbieren, eine der beiden Portionen mit 150 ml Wasser verrühren und beiseite stellen.

2. Die *bai tüy*-Blätter waschen, etwas zerkleinern und mit etwa 160 ml Wasser pürieren. Das Püree durch ein Haarsieb streichen (oder durch ein Küchentuch auspressen), den grünen Saft auffangen. 150 ml davon abmessen und mit der zweiten Teigportion verrühren.

3. Im Wok 1 l Wasser zum Kochen bringen, das Gitter einsetzen und die Terrinenform darauf stellen.

4. Etwa 125 ml des hellen, dünnflüssigen Teiges hineingießen – es soll eine etwa 2 mm dicke Schicht entstehen – und diesen 2–3 Min. zugedeckt dämpfen. Dieselbe Menge grünen Teig darauf gießen, ebenfalls 2–3 Min. dämpfen. So fortfahren, bis der gesamte Teig aufgebraucht ist.

5. Die Masse in der Form abkühlen lassen. Mit einem spitzen Messer vom Rand lösen und auf ein Brett stürzen. Das Gebäck in Scheiben oder Ecken schneiden und auf einer Platte anrichten.

GARNIEREN: Frische Kokosraspel auf eine Platte streuen, die Kokosschnitten darauf anrichten und jedes Stück mit einer Rispe frischer Johannisbeeren garnieren.

FÜR ANFÄNGER
SAHNIG
PREISWERT

ZUBEREITUNG: 20 Min.
PRO PORTION CA.: 330 kcal

FÜR 4 PERSONEN:

2 frische Maiskolben
6 EL Tapiokamehl (S. 161)
8 EL dickflüssige Kokosmilch (der obere Teil aus der ungeschüttelten Dose)
1 Prise Salz
4 EL Honig

Maispudding mit Honig

TAUSUAN

1. Die Maiskolben waschen und abtrocknen. Die Körner mit einem scharfen Messer vom Kolben schneiden (siehe Seite 119). Maiskörner in einer Schüssel mit dem Tapiokamehl mischen.

2. In einem Topf $^1/_2$ l Wasser zum Kochen bringen. Den Mais mit dem Mehl hinzufügen und 2–3 Min. bei mittlerer Hitze köcheln lassen, bis die Maiskörner aufschwimmen. In vier Dessertschalen oder Kelchgläser verteilen und abkühlen lassen.

3. Vor dem Servieren die Kokosmilch mit dem Salz verrühren. Jede Portion mit einem Klecks davon garnieren und 1 EL Honig darüber träufeln.

GARNIEREN: Frische halbierte Erdbeeren oder Kiwischeiben anlegen oder die Früchte in kleine Stücke geschnitten unterheben.

VARIANTE: Sie können für den Pudding auch 150 g abgetropften Mais aus der Dose verwenden.

Sie lieben es nicht allzu süß? Dann sind diese beiden Desserts genau richtig!

FÜR GEÜBTE
CREMIG
GUT VORZUBEREITEN

ZUBEREITUNG: 45 Min.
KÜHLEN: 2 Std.
BEI 10 PERSONEN PRO PORTION CA.: 285 kcal

FÜR 8–10 PERSONEN:

200 g gelbfleischiger Kürbis
250 g Zucker
200 g Reismehl
50 g Tapiokamehl (S. 161)
1 Dose Kokosmilch (400 g)
1/3 TL Salz
50 g getrocknete Mangos

Kürbiscreme

TAGOPHAGTONG

1. Kürbis schälen, das Fruchtfleisch würfeln. Mit 1/2 l Wasser im Mixer fein pürieren und in einen Topf geben. Zucker sowie nach und nach 100 g Reismehl, unterrühren, so dass ein glatter Brei entsteht.

2. Die Mischung zum Kochen bringen und 2–3 Min. bei starker Hitze unter ständigem Rühren kochen lassen. Bei mittlerer Hitze weitere 15 Min. unter ständigem Rühren köcheln lassen. Dessertschälchen zu zwei Dritteln mit der Creme füllen und diese abkühlen lassen.

3. Inzwischen für die Kokoscreme das Tapiokamehl mit 5 EL Kokosmilch anrühren. Die restliche Kokosmilch mit dem Salz und übrigem Reismehl in einen Topf geben und verrühren. Zum Kochen bringen, die Tapiokamehlmischung unterrühren und bei starker Hitze 2 Min. kochen lassen.

4. Weitere 5 Min. bei mittlerer Hitze köcheln lassen, gelegentlich umrühren. Die Kokoscreme auf den Kürbiscremeportionen verteilen. Für 2 Std. in den Kühlschrank stellen und fest werden lassen.

5. Die getrockneten Mangos in feine Streifen schneiden und jede Kürbiscreme-Portion damit garnieren.

GARNIEREN: Für ein Buffet, bei dem mehrere Desserts angeboten werden, sehr dekorativ: Geben Sie die Kürbiscreme in weiße Porzellanschälchen mit 50 ml Füllmenge und richten Sie sie auf einem Bananenblatt an.

VARIANTEN: Statt getrockneter Mangos passen auch frische Erdbeeren oder in Scheiben geschnittene Kiwis.

FÜR ANFÄNGER
FRUCHTIG
KLASSIKER

ZUBEREITUNG: 20 Min.
PRO PORTION CA.: 95 kcal

FÜR 4 PERSONEN:

200 g Papaya
200 g Mango
200 g Wassermelone
2–3 Mangostanen
2 EL gesüßte Kondensmilch
1 TL Kokoscremepulver
Saft von 1 Limette (etwa 6 EL)
Saft von 1/2 Orange (etwa 4 EL)
1/4 TL Salz
2 Pfefferminzblättchen

Exotischer Obstsalat

POLMAIRAUMMIT

1. Papaya schälen, halbieren und die Kerne herauskratzen. Das Fruchtfleisch in 2 cm große Stücke schneiden. Mango schälen, das Fruchtfleisch vom Kern schneiden und ebenfalls 2 cm groß würfeln. Wassermelone schälen, in 3 cm große Würfel schneiden, die schwarzen Samenkerne dabei nach Belieben entfernen.

2. Die Mangostanen schälen und in Spalten teilen, diese jeweils längs einschneiden und den Kern entfernen. Die Früchte mischen und auf vier Dessertschalen oder Kelchgläser verteilen.

3. Die Kondensmilch in einem Schüsselchen mit dem Kokoscremepulver verrühren. Den Limetten- und den Orangensaft unterrühren und mit Salz abschmecken.

4. Die Sauce über die Früchte träufeln. Die Pfefferminzblätter waschen, in feine Streifen schneiden und darüber streuen.

GARNIEREN: Statt der Pfefferminzblättchen oder auch zusätzlich eignen sich auch ein paar Kokoschips (aus dem Naturkostladen) für die Garnitur.

VARIANTEN: Selbstverständlich können Sie für den exotischen Obstsalat Ihre Lieblingsfrüchte bzw. alle Früchte, die gerade reif zu bekommen sind, verwenden.

Das kunstvoll in Bananenblätter eingepackte Konfekt wird zum Beispiel zu Hochzeiten zubereitet und verschenkt.

Klebreisbällchen mit Kokosfüllung

KHANOMTIAN

1. Für die Füllung die Kokosraspel in 200 ml kaltes Wasser 10 Min. einweichen. Währenddessen eine Pfanne erhitzen, 2 EL Wasser und den Palmzucker hineingeben. Den Zucker bei mittlerer Hitze in etwa 2 Min. schmelzen und leicht karamellisieren lassen. Kokosraspel und Salz hinzufügen und rühren, bis eine homogene Masse entsteht. Die Pfanne von der Kochstelle nehmen, die Kokosmischung abkühlen lassen.

2. Für den Teig das Klebreismehl mit dem Zucker mischen und die Kokosmilch unterrühren. Den Teig auf die Arbeitsfläche geben, 6–7 Min. kräftig durchkneten.

3. Den Klebreisteig in 20 Stücke teilen. Jeden Teil zu einer Kugel formen und zu einem Kreis von etwa 8 cm Ø flach drücken. 1 gehäuften TL Füllung in die Mitte geben, den Teig darüber zusammendrücken und zur Kugel formen.

4. Von den Bananenblättern jeweils 15 cm lange Stücke abschneiden und zu Ovalen ausschneiden. Die Blätter über der Herdplatte anwärmen, um sie geschmeidig zu machen. Jedes Blatt wie unten gezeigt mit einem Klebreisbällchen füllen.

5. Wasser im Wok zum Kochen bringen und das Gitter einsetzen. Die Päckchen darauf setzen und zugedeckt etwa 15 Min. dämpfen. Abgekühlt servieren.

VARIANTE: Statt mit Kokosraspeln können Sie die Füllung auch mit Süßkartoffeln oder Mais zubereiten.

FÜR GEÜBTE
SÜSS
FÜR FESTE

ZUBEREITUNG: 1 Std.
PRO STÜCK CA.: 250 kcal

FÜR 20 STÜCK:

Für die Füllung:
200 g Kokosraspel
200 g Palmzucker
1 Prise Salz

Für den Teig:
400 g Klebreismehl
100 g Zucker
300 g Kokosmilch

Außerdem:
3 m Bananenblätter (etwa 200 g)

1. An einer Schmalseite den Rand 7 cm von rechts nach links so übereinander falten, sodass außen eine Spitze entsteht.

2. Ein Reisbällchen hineingeben, die gefaltete Seite darüber legen. Die Längsseiten parallel nach innen schlagen.

3. Zu einem pyramidenförmigen Päckchen falten, das überstehende Ende einschlagen, in die entstandene Tasche stecken.

Ein fruchtiger Aperitif ist ein guter Anfang. Zum Essen wird in Thailand auch gerne Bier oder Mekong-Whiskey getrunken.

WASSER MIT AROMA

Das Wasser aus dem Inneren frischer junger Kokosnüsse ist in Thailand sehr beliebt. Man serviert es vor allem bei Festessen, denn Kokoswasser ist nicht ganz billig. Preiswerter und auch sehr schmackhaft ist es, eisgekühltes Wasser mit frischen Früchten zu aromatisieren.

Getränke – von Fruchtcocktails bis Wein und Bier

Zu leckerem Essen, zumal bei Festen, gehören bei uns darauf abgestimmte Getränke. Da in Thailand begleitende Getränke eine sehr untergeordnete Rolle spielen – man trinkt Wasser, manchmal auch Bier oder Mekong-Whiskey, mit Eis, Soda oder Cola, entfernen wir uns in diesem Kapitel kurz von der authentischen thailändischen Esskultur, denn es gibt durchaus geeignete Tropfen, die gut zu thailändischem Essen passen.

Weine zur Thaiküche – einfach und kräftig

Große Weine kommen in Verbindung mit scharfen Gerichten oft nicht richtig zur Geltung. Kräftige, unkomplizierte Rotweine mit Vanille-, Beeren- und/oder Karamellaromen aber harmonieren wunderbar damit: Dazu gehören manche Rotweine aus der Rioja, auch australische Shiraz-Weine sind eine gute Wahl, besonders zu Kokosgerichten. Zu den Fischgerichten passen am besten nicht zu trockene, fruchtige Weißweine. Auch wenn Sie sonst kein Anhänger deutscher Weine sein sollten: Pfälzer Riesling schmeckt vorzüglich zur thailändischen Fischküche, ebenfalls ein guter Begleiter ist italienischer Verdicchio.

Fruchtiges vorweg – erfrischend und den Appetit anregend

Zurück nach Thailand: Als Aperitif bieten sich Cocktails aus exotischen Früchten (mit oder ohne Alkohol) an, die man dort zwar eher tagsüber als Erfrischung trinkt, die aber durchaus als Aperitif oder zu scharfen Gerichten schmecken:

Papaya-Drink (NAMMARAGHOPAN)

Für 6–8 Longdrink-Gläser 300 g Papayafruchtfleisch und 200 g Mangofruchtfleisch in Stücke schneiden. Mit 1/2 EL Limettensaft, 1 EL Kokosmilchpulver sowie 12–15 Eiswürfeln in den Mixer geben und fein pürieren. Die Mischung in die Gläser verteilen und mit eiskaltem trockenem Sekt (ingesamt 0,75 l) auffüllen. Eine Limettenscheibe an den Rand jedes Glases stecken.

Melonen-Drink (NAMPAU HOBAWA)

Für 4–6 Longdrinkgläser das Fruchtfleisch von 200 g Honigmelone, 100 g Wassermelone und 100 g Banane in Stücke schneiden. Mit 2 EL Limettensaft, 2 EL Zucker, 1 Prise Salz sowie 12–15 Eiswürfeln in den Mixer geben und fein pürieren. Den Mix mit 350 ml Guavensaft aufgießen, mischen und in die Gläser füllen. Zum Garnieren ein Stück Wassermelone an den Rand des Glases stecken.

Frucht-Cocktail (NAMPAN ANPANA)

Für 4–6 Longdrinkgläser das Fruchtfleisch von 200 g Ananas, 100 g Papaya und 100 g Banane in Stücke schneiden. Mit 2 EL Zucker, 1 Prise Salz und 12–15 Eiswürfeln im Mixer pürieren. Mit 350 ml Grapefruitsaft aufgießen, mischen und in die Gläser füllen. Fruchtspieße mit Ananas-, Papaya- und Kiwistücken dazureichen.

Kleinigkeiten zum Aperitif – Thailändisches europäisch serviert

In Thailand werden, wie Sie bereits wissen, alle Gerichte mit Ausnahme des Desserts zusammen serviert. Das soll Sie allerdings nicht davon abhalten, Ihrem Fest eine gewisse Struktur und Menüfolge zu geben.

So können Sie zum Aperitif feine Löffel-Snacks anbieten und auf einer Etagère oder einem Hochteller anrichten. Sie brauchen dazu nicht unbedingt die schicken Löffel, die der Partyservice verwendet, asiatische Suppenlöffel tun es genauso. Belegen Sie jeden Löffel mit einem kleinen Leckerbissen, der mit einem Happs im Mund verschwindet: Das kann beispielsweise etwas Grüner Papayasalat (Rezept Seite 52), ein Löffelchen Meeresfrüchtesalat (Seite 56) oder ein – extrakleines – Garnelenplätzchen mit etwas Dip (Seite 46) sein.

SCHNELLE APERITIFS

Für Prosecco mit Guave: 2 Teile Guavensaft (aus dem Bioladen) in ein Sektglas geben und mit 3 Teilen eiskaltem Prosecco aufgießen.
Ebenfalls fein, Sekt mit Litchisaft: 1 Teil Litchi-Saft mit einem Spritzer Limettensaft in ein Sektglas geben und mit 1 Teil eiskaltem trockenem Sekt auffüllen.
Dazu nach Belieben einige Löffel-Snacks anbieten (siehe links).

2
4
1
3

Kleine Kunstwerke fürs Auge

Die Gemüseschnitzereien, die Dara für Sie ausgewählt hat, lassen sich recht einfach ohne Spezialwerkzeug mit einem spitzen kleinen Messer mit biegsamer Klinge fertigen.

1. Paprikablüten

Eine rote Paprikaschote entlang der gedachten Mittellinie zickzackförmig einschneiden und die beiden Hälften auseinandernehmen. Der Teil mit den Samen wirkt schon für sich wie eine geöffnete Blüte. Von einer Zitrone die Schale spiralförmig in einem etwa 3 cm breiten Streifen abschneiden, über den Finger zu einer Rosette drehen und in die andere Paprikahälfte setzen. Eine gelbe Paprikablüte können Sie mit einer Rosette aus spiralförmig geschnittener Tomatenschale füllen.

2. Zucchini-Möhren-Blume

Von einer Zucchini ein 6 cm langes Stück abschneiden. Die Schale vom oberen Rand in fünf Streifen bis knapp zur Basis einschneiden, dabei zwischen den Blättern jeweils etwas Abstand lassen. Dann versetzt in einer zweiten Reihe genauso verfahren. Den verbliebenen Kern herausschneiden. Einen tiefen Teller mit Wasser füllen, ein Glas so über die Zucchini und ins Wasser stellen, dass sich die Blätter nach außen biegen.

Die Zucchiniblume wird mit 3 Möhrenblüten gefüllt: Von einer Möhre 3 Stücke von je 5 cm Länge abschneiden. Die Möhre wie die Zucchini versetzt mit 2 Blattreihen versehen, dabei nach jedem Blatt das nächste so anschneiden, dass alle spitz zulaufen. Den Kern entfernen und die Möhrenblüten mit Holzzahnstochern in die Zucchiniblume stecken.

3. Zwiebelblüten

Eine Zwiebel mit intakter Schale am Stielansatz gerade schneiden, damit sie steht. Von oben längs zu zwei Dritteln einschneiden und mit weiteren Schnitten in Segmente teilen – nach Wunsch schmaler oder breiter – dabei aber darauf achten, dass sie am Stielansatz fest zusammenhält. Die Schichten ganz vorsichtig etwas auseinander lösen, so dass die Zwiebel die Form einer dicht gefüllten Blüte bekommt. Die Zwiebelblüte kurz in kaltes Wasser legen, bevor Sie eine Platte damit dekorieren.

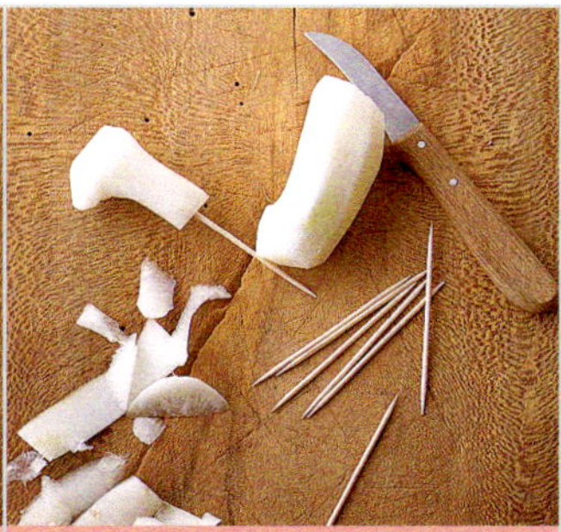

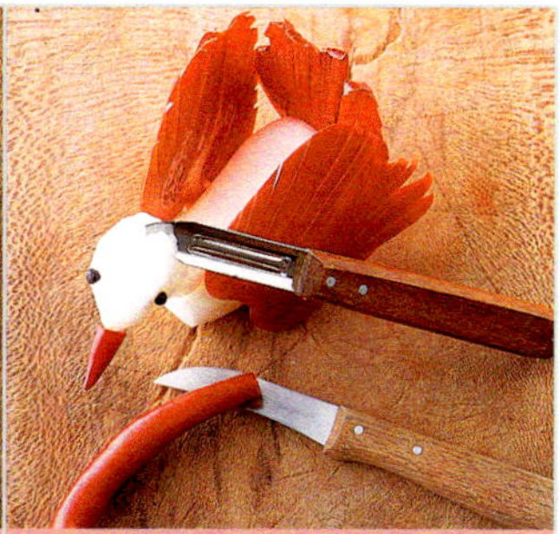

4. Paprikaente

Aus einem Rettich zwei ca. 8 cm lange Stücke schneiden. Sie können stattdessen auch Kartoffeln nehmen.

Aus einem Stück den Kopf mit Schnabelansatz und Hals schnitzen. Aus dem anderen den Körper schnitzen. Beide Teile mit Holzzahnstochern zusammenstecken.

Eine rote Paprikaschote vierteln, putzen und waschen. Für die Flügel zwei Viertel und für den Schwanz ein kleineres Stück mehrmals dicht nebeneinander einschneiden.

Flügel und Schwanz verdeckt mit Holzzahnstochern befestigen. Wer mag, setzt noch die Spitze einer Chilischote als Schnabel und schwarze Pfefferkörner als Augen ein.

Eine Orchideenblüte als Gastgeschenk – im Glasröhrchen bleibt sie frisch.

Kokoskonfekt im Bananenblatt mit Namensschild als essbares Tischkärtchen.

Die Besteckhülle aus Bananenblatt dient gleichzeitig als Tischkarte.

Löffel-Snacks zum Aperitif, präsentiert auf einer Etagère oder einem Hochteller.

Festliche Tischdekoration

Das Buffet mit opulent arrangierten Platten sowie kunstvollen Gemüse- und Obstschnitzereien zu schmücken, hat in der thailändischen Gastronomie Tradition. Dies wird vor allem in den großen Hotels und Restaurants zu immer neuer Perfektion getrieben. Im Privaten geht es auch bei Festen sehr viel schlichter zu: Man richtet die Speisen ansprechend auf Platten und in Schalen an, garniert mit Kräutern, Chilis etc.

Thailändisches Flair für Ihr Fest

Wenn Sie aber hier zu Lande Gäste zu einem thailändischen Essen einladen, können Sie durch ein paar wenige Handgriffe die passende Atmosphäre schaffen. Auf einem schönen Holztisch genügen als Gedeck glatte weiße Teller, Gabel und Löffel, eine zum doppelten Quadrat gefaltete (siehe die Steps rechts) cremefarbene oder lindgrüne Serviette und edle Stielgläser für Wein und Wasser. Legen Sie auf jede Serviette eine frische Orchideenblüte, die jeder Gast mitnehmen darf. Umwickeln Sie dazu den Stiel mit einem Streifen angefeuchteten weißen Küchenpapier und stecken ihn in ein Glasröhrchen (entweder aus dem Blumenladen oder sammeln Sie dafür die Röhrchen von Vanilleschoten). Das »Doppelte Quadrat« ist dem GU Küchenratgeber »Servietten falten« entnommen, wo Sie viele weitere attraktive Servietten-Falttechniken finden.

Ist Ihr Tisch nicht ganz so präsentabel, so decken Sie jeden Platz z. B. mit einem Tischset aus hellgrünem oder karamellfarbenem Bast ein. Modern und klar wirken darauf quadratische weiße Teller, runde weiße Suppenschalen und Stäbchen (wenn Sie ein Nudelgericht servieren) oder Löffel und Gabel im Bananenblatt-Etui: Sie brauchen dafür je einen 8 cm breiten Streifen Bananenblatt, einen Locher und bunte Kordel oder ein farbiges Band. Das Bananenblatt anwärmen, den Streifen einmal quer falten, an den Außenkanten jeweils dreimal lochen und mit der Kordel oder dem Band verbinden (wie Schnürsenkel durchfädeln). Das Besteck hineinstecken und auf die Serviette legen.

Wenn Sie jedes Bananenblatt-Etui mit silberfarbenem Stift mit dem Namen des Gastes beschriften, so fungiert es außerdem als originelle Tischkarte. Etwas für Geübte, denn die Zubereitung ist etwas aufwändiger: Legen Sie jedem Gast ein Klebreisbällchen mit Kokosfüllung im Bananenblatt (Rezept Seite 151) als Willkommensgruß auf die Serviette. Daraus werden gleichzeitig »Tischkarten«, wenn Sie an jedes mit einem Stück Gold- oder Silberdraht ein Namenszettelchen aus Transparentpapier befestigen. Zu viel Arbeit? Dann packen Sie gekauftes Konfekt, z. B. kandierte Tamarinde, gezuckerte Süßkartoffeln oder Kokoskonfekt in Bananenblattpäckchen (Anleitung Seite 16) oder legen sie direkt auf die Serviette.

Zu Gast in Thailand

Pünktlichkeit ist in Thailand nicht so wichtig: Lädt man z. B. für 17 Uhr ein, treffen die Gäste nach und nach ein, so dass gegen 19 Uhr alle versammelt sind und das Mahl beginnen kann. Die Gäste bringen entweder etwas zu Essen (z. B. einen Salat oder ein Dessert) mit oder etwas zu Trinken, etwa eine Flasche Mekong-Wiskey. Bei großen Festen wie Hochzeiten oder Totenfeiern ist es üblich, statt eines individuellen Geschenks einen kleinen Geldbeitrag zu leisten.

Alles wurde aufgegessen, kein Krümel ist übrig geblieben? Was eine deutsche Hausfrau durchaus als Kompliment auffasst, würde einen thailändischen Gastgeber mit

Alle Köstlichkeiten werden in der Tischmitte um eine große Schüssel mit Reis arrangiert. Bei einer langen Tafel die Gerichte eventuell auf mehrere Platten und Schüsseln verteilen, damit alles für jeden Gast gut erreichbar ist.

großer Bestürzung erfüllen, bedeutete es doch, dass er zu wenig gekocht hat, folglich geizig ist. Das heißt für Sie als Gast: Loben Sie das Essen, wenn es Ihnen schmeckt, aber lassen Sie immer etwas übrig! Und: Servieren Sie Eier nie zu einer ersten Verabredung, die Freundschaft könnte so leicht zerbrechen wie Eierschalen ...

1. Das untere Drittel der Serviette nach oben falten, das obere Drittel Kante auf Kante darauf. Linken Teil nach unten falten.

2. Die linke, nach unten gefaltete Hälfte mit dem Bügeleisen pressen. Wenden und die beiden Ecken nach oben falten.

3. Den unteren Teil schräg nach links oben falten, sodass ein kleines Quadrat entsteht. Den linken Teil nach hinten klappen.

MUSIK

Die jungen Leute in Thailand hören wie fast überall auf der Welt Pop-Musik – westliche ebenso wie von thailändischen Interpreten, die ganz ähnlich klingende Schlager über Liebe und Leid präsentieren. Wenn Sie Ihr Fest mit »Originaltönen« vervollkommnen möchten, fragen Sie in Asienläden nach CDs mit thailändischer Pop-Musik. Da werden Sie sicher fündig.

Die traditionelle Musik mit *ponglang* (einer Art Xylophon), *kim* (Hackbrett), *saw* (einem zweisaitigen Saiteninstrument) und *kaen* (Bambusflöte) hat einen zauberhaften Klang.

Für große Feste können Sie über Event-Agenturen entsprechende Musik- und Tanzgruppen buchen.

Menüvorschläge

In Thailand werden normalerweise zu jeder Mahlzeit Reis und dazu wenigstens drei verschiedene Gerichte gereicht. Da das bei uns nicht üblich ist, haben wir bei den Mengenangaben eine Kompromisslösung gewählt: Vielleicht haben Sie bereits bei den Rezepten die Hinweise »für 2–4 Personen« oder »für 4–6 Personen« bemerkt. Das bedeutet ganz einfach: Kochen Sie nur dieses eine Gericht und dazu Reis, so reicht es für 2 Personen. Bieten Sie es, wie in Thailand üblich, im Rahmen eines Menüs bzw. einer größeren Auswahl von Gerichten an, so werden natürlich entsprechend mehr Personen satt. Die Mengen der folgenden Menüzusammenstellungen sind alle relativ großzügig bemessen, ganz nach dem thailändischen Prinzip, dass unter allen Umständen wenigstens ein klein wenig übrig bleiben sollte (vgl. Seite 156).

Menüs für 4–6 Personen:

Vorschlag 1

Frühlingsröllchen (43)

Kokossuppe mit Spargel und Zuckerschoten (32)

Hähnchencurry mit scharfem Basilikum (102)

Fisch in Bananenblatthülle (70)

Gedünstetes Gemüse mit Ingwersauce (112)

Maispudding mit Honig (146)

Vorschlag 2

Fleischspießchen mit Erdnusssauce (84)

Glasnudelsuppe mit Morcheln (30)

Grünes Rindfleischcurry (88)

Fisch in süßsaurer Ingwersauce (74)

Gedämpfte Austernpilze (120)

Bananen in Kokosraspel (142)

Vorschlag 3

Süßkartoffel-Mais-Plätzchen (44)

Tintenfischsuppe (35)

Hähnchenfleisch mit Panaeng-Paste (102)

Gedämpfter Fisch mit Chilisauce (70)

Tofu mit Kürbis (133)

Exotischer Obstsalat (148)

Menüs für 6–8 Personen:

Vorschlag 1

Garnelenplätzchen (46)

Kokossuppe mit Hähnchenfleisch (22)

Rotes Hähnchencurry mit Bambus (100)

Entenbrust mit Litchis und Tomaten (106)

Gebratenes Fischfilet (72)

Obstkaltschale (144)

Vorschlag 2

Fleischspießchen mit Chilidip (84)

Suppe mit gefüllten Gurken (27)

Massman-Curry (89)

Fisch im Bananenblattkörbchen (67)

Tofu mit Pak-Choi in Chilisauce (123)

Klebreis mit Früchten (140)

Vorschlag 3

Sagobällchen mit Erdnussfüllung (119)

oder

Garnelen im Kayäng-Teig (46)

Pilzsuppe mit Fleischbällchen (24)

Ente mit Ingwer und Ananas (104)

Gebratene Brasse mit Chilisauce (68)

Gebratenes Gemüse mit Tamarindensauce (110)

Jackfruitbällchen in Kokoscreme (142)

Literaturtipps

Wer daran denkt, nach Thailand zu reisen und die thailändische Küche vor Ort zu testen, dem sei das »Travel Handbuch Thailand« von Stefan Loose empfohlen. Das mittlerweile in 10. Auflage erschienene und immer wieder durch neue Reiseerfahrungen und Tipps aktualisierte Buch ist ein verlässlicher Partner bei der Reiseplanung und im Land selbst. Dazu gibt es eine Service-Homepage (www.loose-verlag.de), auf der alle Angaben auf dem möglichst aktuellsten Stand gehalten werden.

Rainer Bolik und Siriporn Jantawat-Bolik gewähren uns in ihrem Buch »Thailand«, erschienen bei Polyglott in der Reihe Land & Leute faszinierende Einblicke in das Leben und die Wertvorstellungen der Thailänder. Sie erklären auf einfühlsame Weise für uns Europäer oft rätselhaftes Verhalten und helfen damit, so manchem Fettnäpfchen elegant auszuweichen. Eine spannende Lektüre für alle, die sich über die Kochkunst hinaus für die thailändische Kultur interessieren.

Wer sich dagegen für Küchengeschichte und die Entwicklung bestimmter Methoden und Gerichte begeistern kann, für den ist »Thai Food« von David Thompson, erschienen in der Collection Rolf Heyne, eine wahre Fundgrube. Der Autor hat viele Jahre als Koch in Thailand gearbeitet und sich in der Zeit durch geduldiges Lernen und ausdauernde Recherche eine profunde Kenntnis der ganzen Bandbreite der Thai-Küche angeeignet – von der einfachen Bauernküche bis hin zu den ausgefallensten Kreationen für die gehobenen Stände und den Hof. Fazit: ein Standardwerk für Küchenprofis und küchenhistorisch interessierte Hobbyköche.

Richard Doring, Renate Loose, Stefan Loose u. a.: *Thailand*. Stefan Loose Travel Handbücher. Dumont Reiseverlag, 10. Auflage 2003 (ISBN 3-7701-6128-9)

Rainer Bolik und Siriporn Jantawat-Bolik: *Thailand*. Polyglott Land & Leute. Polyglott-Verlag, 2003 (ISBN 3-493-60543-9)

David Thompson: *Thai Food*. Collection Rolf Heyne, 2002 (ISBN 3-89910-182-0)

Bezugsadressen

Die asiatische Küche allgemein und die thailändische Küche im Besonderen erfreuen sich hier zu Lande immer größerer Beliebtheit: Restaurants und gut sortierte Asienläden eröffnen mittlerweile auch in den kleineren Städten. Das bedeutet für Sie, dass es nicht allzu schwierig sein sollte, die in diesem Buch angegebenen Lebensmittel zu bekommen. Fischsauce, Sojasauce, Currypasten, Kokosmilch und Bambussprossen sind inzwischen sogar in guten Supermärkten erhältlich. Mit frischem Gemüse und frischen Kräutern mag es da und dort etwas schwieriger sein.

Wo es möglich ist, die Rezepte ohne allzu gravierende Verfälschung mit hier gebräuchlichen Lebensmitteln abzuwandeln, wurde das angegeben. Manchmal aber ist ein Gemüse oder ein Kraut der maßgebliche Geschmacksträger. Dann ist ein Austauschen nicht wirklich möglich. Aber bei der Vielzahl leckerer Rezepte können Sie, falls Sie einmal eine Zutat nicht bekommen, sicher auf ein anderes Rezept ausweichen.

Daneben haben Sie auch die Möglichkeit, Gewürze und Zutaten via Versandhandel zu beziehen. Insbesondere wenn Sie keinen guten Asienladen in Ihrer unmittelbaren Nähe haben, sind diese Adressen eine gute Alternative:

Bei www.gourmondo.de finden Sie unter der Rubrik »Südostasien« eine reiche Auswahl an Currypasten, Gewürzen und anderen thailändischen Zutaten.

TRIEU ASIA FOOD VERSAND in Kornwestheim (www.asia-online-shop.de) führt und verschickt darüber hinaus sogar frische Ware wie Gemüse und Kräuter.

Glossar

In den Rezepten sind gelegentlich Zutaten enthalten, die weniger bekannt sind. Um das Einkaufen oder auch Ersetzen von Zutaten zu erleichtern, finden Sie hier eine kurze Beschreibung.

Agar-Agar
Aus Algen gewonnenes Pulver zum Andicken von Speisen. Guter vegetarischer Ersatz für Gelatine.

bai tüy
Längliche grüne Blätter, deren Extrakt Desserts und Getränken eine intensive grüne Farbe sowie einen zarten und frischen Duft verleiht.

Bambussprossen (siehe Seite 13)

Basilikum (siehe Seite 13)

Chilipulver
Chilipulver – auch in der gerösteten Form – gibt es fertig zu kaufen. Es verleiht Currypasten und Salaten eine etwas weichere Schärfe als frische Chilischoten.

Chilis (siehe Seite 11)

Currypasten
Diese Würzpasten sind die Basis vieler thailändischer Gerichte. Sie können sie selbst zubereiten (vgl. das Rezept für Rote Currypaste auf Seite 64) oder in verschiedensten Varianten im Asienladen – auch auf Vorrat – kaufen. Sie halten sich über Monate im Kühlschrank. Vorsicht, fertige Currypasten enthalten oft Glutamat (siehe unten)!

Fischsauce (siehe Seite 13)

Galgant (siehe Seite 11)

Glutamat
Dieser geschmacksverstärkende Zusatzstoff erfreut sich in Thailand großer Beliebtheit. Da seine allergieauslösende Wirkung bekannt ist, haben wir in diesem Buch darauf verzichtet. Allerdings sollten Sie bei Fertigprodukten, z. B. Currypasten die Zutatenliste prüfen. Einige Hersteller verzichten inzwischen weitgehend auf Glutamat.

Grüne Bohnen
Thailändische Schlangenbohnen werden über 50 cm lang. Sie können sie ohne Weiteres durch normale grüne Bohnen ersetzen.

Ingwer (siehe Seite 11)

***kana*-Blätter**
Eine Art Kohlblätter. Als Ersatz können Sie junge Kohlrabi oder Brokkoli – in feine Stifte bzw. feine Scheiben geschnitten – verwenden.

***kayäng*-Blätter**
Ein beliebtes thailändisches Würzkraut, das hier aber lediglich in sehr gut sortierten Asien-Supermärkten zu bekommen ist. Je nach Rezept können Sie es durch Bärlauch oder Dill (Rezept Seite 46) oder aber auch durch Minze (Rezept Seite 74) ersetzen. – Schmeckt zwar in jedem Fall etwas anders, aber ebenfalls lecker.

Kokosmilch (siehe Seite 11)

Koriander (siehe Seite 11)

krachai
Mit dem Ingwer verwandte Wurzel, die Suppen und Currypasten einen pfeffrig-würzigen Geschmack verleiht. Frisch im Asienladen erhältlich; ersatzweise eingelegte aus dem Glas verwenden.

Mekong-Whiskey
In Thailand sehr beliebter Whiskey (38 Vol.%) aus einheimischer Produktion.

paghom (siehe Thai-Spinat)

Pak-Choi
Zarter Kohl mit dunkelgrünen Blättern und weißen Stielen; aromatisch und mild. Guter Ersatz ist Chinakohl. Wegen der kurzen Garzeit eignet sich Pak-Choi gut zum Pfannenrühren.

Palmzucker (siehe Seite 13)

Pfeffer
In Thailand wird sehr milder Pfeffer verwendet; unser weißer Pfeffer kommt ihm am nächsten.

phakbung (Wasserspinat)
Ein beliebtes Thaigemüse: Grüne zarte Blätter brauchen zum Garen nur etwa 2 Min., braune Blätter mit kräftigen Stängeln brauchen 5 Min., sind aber auch aromatischer. Ersatz: Spinat oder Mangold.

Platoos
Sind etwa heringsgroße Fische aus dem Mekong, die in Asienläden vorgekocht in kleinen Spanschachteln verkauft werden.

Reis (siehe Seite 13)

Sojasauce (siehe Seite 13)

Tamarinde (siehe Seite 13)

tangchai
Eine in Salz und Knoblauch eingelegte Kohlart, die es fertig in Gläsern zu kaufen gibt (und die im Kühlschrank über Monate hält). *Tangchai* hat ein ganz eigenes säuerliches, nach Knoblauch duftendes Aroma. Falls Sie es nicht bekommen, kann man das eingelegte Gemüse am ehesten durch gebratenen Knoblauch ersetzen.

Tapiokamehl
Aus der Maniokwurzel gewonnenes Stärkemehl, das für Teige und zum Binden von Suppen und Saucen verwendet wird, ersatzweise können Sie jede hier zu Lande gebräuchliche Speisestärke verwenden.

taujiau
Die gelben, in Salzwasser eingelegten Bohnen dienen zum Würzen von Nudel- und Fleischgerichten. Man kann sie im Asienladen fertig im Glas kaufen. Einen Ersatz dafür gibt es nicht. Falls Sie sie nicht bekommen, würzen Sie das Gericht nur mit etwas Salz oder Fischsauce nach.

Thai-Auberginen
Sie unterscheiden sich in Form und Größe völlig von unseren großen Eierfrüchten, sind deshalb auch nicht durch sie zu ersetzen: Es gibt pflaumengroße grüne und gelbe Thai-Auberginen-Varianten.

Thai-Frühlingszwiebeln
Sie sind kleiner, dünner und etwas milder im Geschmack als unsere Frühlingszwiebeln, können aber problemlos durch eine etwas geringere Menge herkömmlicher Frühlingszwiebeln ersetzt werden.

Thai-Minze
Eine kleinblättrige, duftende Minze-Sorte, die unserer sehr ähnlich ist, also auch gut dadurch ersetzt werden kann.

Thai-Schalotten (siehe Seite 13)

Thai-Spargel
Sehr dünne, zarte grüne Stangen mit ährenförmigen, feinen Spitzen. Sie müssen natürlich nicht geschält werden und haben eine nur sehr kurze Garzeit.

Thai-Spinat *(paghom)*
Er ist unserem großblättrigen Spinat in Aussehen und Geschmack sehr ähnlich, kann also gut durch ihn ersetzt werden.

Thai-Stangensellerie
Wie alles Thai-Gemüse eher eine Miniausgabe unserer Sorten: Thai-Stangensellerie hat ganz dünne, zarte Stangen. Wenn Sie normalen Stangensellerie verwenden müssen/wollen, reicht ein Drittel der angegebenen Zahl an Stangen, die Sie in feine Scheiben schneiden.

Tofu (siehe Seite 13)

***tomyam*-Paste**
Fertigprodukt im Glas zum Würzen von Suppen, im Wesentlichen aus Zitronengras, Chilis, Zwiebeln, Galgant und Zitronenblättern hergestellt. Vorsicht, enthält oft auch Glutamat!

Wachskürbis
Längliche, dunkelgrüne Frucht, die ausgewachsen mit einer Wachsschicht überzogen ist und den Kürbis länger haltbar macht. Er stammt aus Asien und wird z. B. in Suppen und als Gemüse gegessen. Sein anderer Name ist Wintermelone.

Wasserspinat (siehe *phakbung)*

***yanang*-Blätter/-Extrakt**
Die lanzettförmigen Blätter einer grünen Schlingpflanze (bei den Kräutern im Asienladen erhältlich) werden gewaschen, grob zerkleinert, mit Wasser vermischt und sehr gut ausgepresst. Der grüne Extrakt wird aufgefangen und verleiht Gerichten eine grüne Farbe und ein mild-frisches Aroma. Eine beliebte Mischung ist Bambus mit Yanang, die es als fertige Mischung in der Dose im Asienladen zu kaufen gibt.

Zitronenblätter/Kaffirlimettenblätter (siehe Seite 13)

Zitronengras (siehe Seite 11)

Rezept- und Sachregister

Damit Sie Rezepte mit bestimmten Zutaten noch schneller finden können, stehen in diesem Register zusätzlich auch Hauptzutaten wie Bambus, Garnelen, Schweinefleisch und geschmacksgebende Zutaten wie Chilis, Tamarinde, Zitronenblätter – ebenfalls alphabetisch geordnet und halbfett gedruckt – über den entsprechenden Rezepten.

Die Autorinnen

MARGIT PROEBST (Konzept und Text) studierte Kunstgeschichte und Philosophie in München. Daneben baute sie einen kleinen Partyservice auf, und von Zeit zu Zeit übernimmt sie Aufträge als Foodstylistin. Ihre Liebe zur Kunst und zum guten Essen führt sie regelmäßig auf ausgedehnte Reisen, wodurch ihre Sammlung an Rezepten aus aller Welt beständig wächst. Seit 1999 arbeitet sie als Kochbuchautorin in München.

DARA SPIRGATIS (Rezepte) stammt aus Nordost-Thailand (Isan), wo sie als Lehrerin, unter anderem für Handarbeit und Kunst, arbeitete. Mit ihrem deutschen Ehemann kam sie 1985 nach München, wo sie schon bald dem Ruf der Volkshochschule folgte und seither unzählige Kurse in »Thai-Küche« sowie in »Kulinarischer Schnitzkunst« gegeben hat. Besonders liegt ihr der Thailändische Kunst- und Kulturverein e. V. München am Herzen, dem sie als Präsidentin vorsteht.

Die Fotografen

JÖRN RYNIO arbeitet als Fotograf in Hamburg. Zu seinen Auftraggebern gehören internationale Zeitschriften und nationale wie die FÜR SIE, Buchverlage und Werbeagenturen. Aus seinem Studio stammen alle Rezeptfotos in diesem Band. Tatkräftig unterstützt wurde er dabei von den Foodstylisten Petra Speckmann und Hermann Rottmann sowie Michaela Suchy (Requisitenstyling/Arrangement).

GÜNTER VAHLKAMPF rundete sein Studium der Geografie und Geologie mit einer journalistischen Ausbildung ab. Die Zusammenarbeit bei mehreren Dokumentarfilmen für die Fernsehsender WDR, ZDF und ARTE führte den reisebegeisterten Bildjournalisten in die verschiedensten Ecken der Welt. Für ihn ist es immer wieder eine Herausforderung, Menschen, Ländern und Städten neue Perspektiven abzugewinnen.

Bildnachweis

FOODFOTOGRAFIE:
Jörn Rynio, Hamburg
REPORTAGENFOTOGRAFIE:
Günter Vahlkampf, Berlin

SYNDICATION: www.jalag-syndication.de

PROGRAMMLEITUNG: Doris Birk
LEITENDE REDAKTEURIN:
Birgit Rademacker
KONZEPT UND REDAKTION:
Stefanie Poziombka
REDAKTIONSASSISTENZ:
Tanja Germann
LEKTORAT: Claudia Schmidt
KORREKTORAT: Susanne Elbert
LAYOUT, TYPOGRAPHIE, UMSCHLAG-GESTALTUNG:
independent Medien-Design, München
HERSTELLUNG: Susanne Mühldorfer
SATZ: Filmsatz Schröter, München
REPRODUKTION:
Repro Ludwig, Zell a. See
DRUCK: Firmengruppe Appl, aprinta druck, Wemding
BINDUNG: m. appl, Wemding
ISBN 978-3-7742-6627-8
5. Auflage 2009

GRÄFE UND UNZER

Ein Unternehmen der
GANSKE VERLAGSGRUPPE

Unsere Garantie

Alle Informationen in diesem Ratgeber sind sorgfältig und gewissenhaft geprüft. Sollte dennoch einmal ein Fehler enthalten sein, schicken Sie uns das Buch mit dem entsprechenden Hinweis an unseren Leserservice zurück. Wir tauschen Ihnen den GU-Ratgeber gegen einen anderen zum gleichen oder ähnlichen Thema um.

Liebe Leserin und lieber Leser,

wir freuen uns, dass Sie sich für ein GU-Buch entschieden haben. Mit Ihrem Kauf setzen Sie auf die Qualität, Kompetenz und Aktualität unserer Ratgeber. Dafür sagen wir Danke! Wir wollen als führender Ratgeberverlag noch besser werden. Daher ist uns Ihre Meinung wichtig. Bitte senden Sie uns Ihre Anregungen, Ihre Kritik oder Ihr Lob zu unseren Büchern. Haben Sie Fragen oder benötigen Sie weiteren Rat zum Thema? Wir freuen uns auf Ihre Nachricht!

Wir sind für Sie da!
Montag – Donnerstag: 8.00 – 18.00 Uhr;
Freitag: 8.00 – 16.00 Uhr
Tel.: 0180 - 5 00 50 54*
Fax: 0180 - 5 01 20 54*
*(0,14 €/Min. aus dem dt. Festnetz/ Mobilfunkpreise können abweichen.)
E-Mail:
leserservice@graefe-und-unzer.de

P.S.: Wollen Sie noch mehr Aktuelles von GU wissen, dann abonnieren Sie doch unseren kostenlosen GU-Online-Newsletter und/oder unsere kostenlosen Kundenmagazine.

GRÄFE UND UNZER VERLAG
Leserservice
Postfach 86 03 13
81630 München